Peter Struck
Gegen Gewalt

Peter Struck

Gegen Gewalt

Über den Umgang junger Menschen
mit sich und anderen

Die Deutsche Nationalbibliothek verzeichnet diese Publikation
in der Deutschen Nationalbibliografie;
detaillierte bibliografische Daten sind im Internet über
http://dnb.d-nb.de abrufbar.

Das Werk ist in allen seinen Teilen urheberrechtlich geschützt.
Jede Verwertung ist ohne Zustimmung des Verlages unzulässig.
Das gilt insbesondere für Vervielfältigungen,
Übersetzungen, Mikroverfilmungen und die Einspeicherung in
und Verarbeitung durch elektronische Systeme.

© 2007 by WBG (Wissenschaftliche Buchgesellschaft), Darmstadt
Die Herausgabe des Werkes wurde durch
die Vereinsmitglieder der WBG ermöglicht.
Redaktion: Cord Steinmeyer, Berlin
Satz: Setzerei Gutowski, Weiterstadt
Gedruckt auf säurefreiem und alterungsbeständigem Papier
Printed in Germany

www.primusverlag.de

ISBN 978-3-89678-592-3

für Herbert Schalthoff

Inhalt

Vorwort 9

I. Einleitung 13

II. Wie sich Gewalt zeigt 17
   1. Gewaltformen 17
   2. Wie entsteht Gewalt? 21
   3. Ohne Aggressionen geht es nicht 24
   4. Die Entscheidung zwischen Angst, Krankheit, Sucht und Gewalt . . 28
   5. Die Gewaltspirale beginnt im Vorschulalter 32
   6. Jungengewalt 35
   7. Mädchengewalt 39
   8. Gewalt durch die Familie 40
   9. Gewalt durch die Nachbarschaft 45
   10. Mediengewalt 48
   11. Gewaltreiche Gleichaltrigkeit 52
   12. Gewalt als Folge gesellschaftlichen Wandels 54
   13. Gewalt durch das System Schule 58
   14. Gewalt durch Lehrer 61
   15. Schülergewalt 64
   16. Sprachgewalt 71
   17. Mobbing – Die Gewalt der Sticheleien 73
   18. Gewalt gegen Sachen 76
   19. Zuschlagende Gewalt 79
   20. Wenn junge Menschen „cool" sein wollen 81
   21. Gewalt zwischen Abenteuerlust und Bedürfnis nach Anerkennung . 84
   22. Faszinierende und erotisierende Aspekte von Gewalt 86
   23. Nichts ist abartig genug: Happy Slapping 88

III. Erfolgskonzepte gegen Gewalt 93
   1. Das Frühwarnsystem 93
   2. Kinder brauchen Grenzen 95
   3. Modelllernen gegen Gewalt 97

- 4. Sinnesschulung gegen Gewalt 99
- 5. Druck- und Festhaltetherapien 103
- 6. Regeln des Zusammenlebens wirken präventiv 105
- 7. Verträge abschließen 106
- 8. Das Anti-Aggressivitäts-Training 108
- 9. Der Täter-Opfer-Ausgleich 110
- 10. Mitternachtssport als Ventil 112
- 11. Knasthospitationen zur Abschreckung 113
- 12. Bindungen an Menschen, Weltbild und Zukunft 114
- 13. Erfolgserlebnisse gegen Gewalt 116
- 14. Stärkung der Opfer 118
- 15. Konfliktlotsen und Streitschlichter 120
- 16. Höflichkeitserziehung 121
- 17. Präventionsräte als Netzwerke gegen Gewalt 124
- 18. Was können Eltern gegen Gewalt in der Schule tun? 125
- 19. Wie stärke ich mein Kind gegen die Gewalt anderer Menschen? . . . 128

IV. Schlussbemerkung: Wird Gewalt zu- oder abnehmen? 131

Hilfreiche Adressen 135

Literatur 137

Register 141

Vita 144

Vorwort

Die schwedische Kinderbuchautorin Astrid Lindgren geht in ihrer Rede anlässlich der Verleihung des Friedenspreises des Deutschen Buchhandels im Jahr 1978 in Frankfurt am Main von dem Bibelspruch „Wer die Rute schont, verdirbt den Knaben" aus (Altes Testament: Sprüche Salomos, 13,24), indem sie folgende wunderbare kleine Geschichte erzählt:

„Eine Mutter berichtete mir, dass eines Tages ihr kleiner Sohn etwas getan hatte, wofür er ihrer Meinung nach eine Tracht Prügel verdient hatte, die erste in seinem Leben. Sie trug ihm auf, in den Garten zu gehen und selber nach einem Stock zu suchen, den er ihr bringen sollte. Der kleine Junge ging und blieb lange fort. Schließlich kam er weinend zurück und sagte: ‚Ich habe keinen Stock finden können, aber hier hast du einen Stein, den kannst du ja nach mir werfen.' Da aber fing auch die Mutter an zu weinen, denn plötzlich sah sie alles mit den Augen des Kindes. Das Kind musste gedacht haben: ‚Meine Mutter will mir wirklich weh tun, und das kann sie ja auch mit einem Stein.' Sie nahm ihren kleinen Sohn in die Arme, und beide weinten eine Weile gemeinsam. Dann legte sie den Stein auf ein Bord in der Küche und dort blieb er liegen als ständige Mahnung an das Versprechen, das sie sich selbst in dieser Stunde gegeben hatte: Niemals Gewalt!"

Der Kommunikations- und Medienphilosoph Vilém Flusser, dessen Stärke es war, Menschen und vor allem auch Kinder in ihrem Alltag genau zu beobachten, hat einmal gesagt, der Mensch habe bis zu seiner Geburt bereits zwei Drittel seines Lebens hinter sich, und in den ersten beiden Lebensjahren erlebe er bereits so viel, wie es ein Mensch in den letzten 20 Jahren seines Lebens insgesamt tue. Er wollte damit sagen, dass wir eine neue Definition des Lebensalters bräuchten, denn zwei Männer, die beide 67 Jahre alt sind, sind dennoch höchst unterschiedlich alt, wenn sie eine ganz verschiedene Lebensintensität hinter sich haben. Er wollte damit aber auch ausdrücken, dass die Schwangerschaft und die allerersten Lebensjahre so außerordentlich weichenstellend für das gesamte folgende Leben sind.

Der Mensch ist etwa zu 50 Prozent Produkt seiner Gene, aber die anderen 50 Prozent sind einflussbedingt. Diese Einflüsse, die wir „Erziehung" nennen, beginnen bereits neun Monate vor der Geburt. Sie stammen im Wesentlichen aus der Familie, vor allem von der Mutter, später auch aus dem Kindergarten, der

Schule, der Medienlandschaft sowie von gleich- bzw. ähnlichaltrigen Freunden und Kameraden und den von ihnen verbreiteten Trends und Sogwirkungen.

Wenn Jungen später gewalttätig und Mädchen autodestruktiv werden, haben ihre Mütter eine Menge damit zu tun, zum Beispiel indem sie stolz darauf sind, dass ihr Knabe sich männlichkeitsverherrlichenden Gewaltidealen zuwendet, oder indem sie die von Papa repräsentierte Macho-Kultur zulassen, oder indem sie nicht für hinlängliche liebevolle Väterlichkeit im Aufwachsen ihres Sohnes sorgen, indem sie ihrer Tochter vermitteln, dass es sich für ein Mädchen nicht ziemt, sich zu wehren, sich zu behaupten, sich durchzusetzen oder Nein zu sagen, oder indem sie ihrer Tochter beibringen, sich Männlichkeitsgehabe unterzuordnen bzw. es als schützende Macht zu akzeptieren.

Seit vielen Jahren sprechen wir von der „Spirale der Gewalt". Wir wollen damit sagen, dass immer mehr junge Menschen in immer jüngeren Altersstufen immer brutalere Taten begehen, dass schon in Kindergärten Aggressionen zur Tagesordnung gehören.

Die Schulmassaker von Littleton und Denver in den USA im Jahr 1998 und der Amoklauf von Robert Steinhäuser im Jahr 2002 im Gutenberg-Gymnasium in Erfurt stellten Kulminationspunkte nicht nur in Bezug auf die Frage dar, warum es zu so schrecklichen Exzessen bei Schülern kommt, sondern auch in Bezug auf die Ängste von immer mehr Eltern, wie sie ihre Kinder vor solchen Ereignissen schützen können. Angeblich werden in der New Yorker Bronx sogar schon Erstklässler mit kugelsicheren Westen in die Schule geschickt. Unter dem Eindruck von viel zu großen Schulen mit bis zu 2400 Kindern und Jugendlichen in Chicago, Los Angeles und Washington D.C., die Gitter vor den Fenstern und Waffendetektoren an den Eingangstüren haben, in denen es eine eigene Schulpolizei gibt, in denen die Klassenräume und Flure kameraüberwacht sind und in denen die Lehrer einen Alarmknopf auf ihrem Pult haben, fragt der berühmte amerikanische Pädagoge Lewis J. Perelman mit seinem Buch „School's Out", ob nicht die Zeit von Schule, die in den letzten 250 Jahren eine wichtige Institution in der Entwicklung der Menschheit war, nun endgültig vorbei sei, denn erstens würden Kinder mittlerweile außerhalb der Schule mehr lernen als innerhalb und zweitens würde eine derartige Ballung von jungen Menschen an einem Ort vor allem nur missliche gegenseitige Beeinflussungen mit negativen Trends und Sogwirkungen zeitigen.

Auch in Deutschland wird zunehmend diskutiert, ob Schule in der herkömmlichen Form noch zeitgemäß ist, ob sie die gesellschaftliche Entwicklung nicht eher bremst als befördert. Und nach den dramatischen Ereignissen von Bad Reichenhall, wo ein 16-Jähriger mit einer Waffe seines Vaters aus dem Fenster heraus Passanten erschoss, vom sächsischen Meißen und vom bayerischen Metten, in denen Schüler den Mord von Lehrern planten und durchführten, sowie nach dem gerade noch vereitelten Anschlag einer brandenburgischen Schülerin auf Lehrer und Schüler fragen sich immer mehr Eltern, was sie vorbeugend gegen Gewalt tun können – in der Schule und auf dem Schulweg, zwischen Schülern und gegenüber Lehrern, aber auch gegen Gewalt *von* Lehrern sowie gegen die Gewalt, die vom Schulsystem selbst ausgeht.

Dieses Buch soll Lesern dabei helfen, die Ursachen von Gewalt zu verstehen und die Erfolgsrezepte gegen Gewalt, die es inzwischen durchaus gibt, selbst umzusetzen. Erziehung gegen Gewalt ist nämlich gar nicht so schwierig, wenn man rechtzeitig im Sinne eines Frühwarnsystems auf Sprachgewalt, Mobbing, Zerstören, Zuschlagen, Diskriminierung, Überängste, Krankheit und Sucht, also auf Verhaltensauffälligkeiten, -schwierigkeiten und -störungen reagiert. Bloßes Verstehen allein reicht dabei jedoch nicht, man sollte auch erwünschtes Verhalten vorleben können, und man muss junge Menschen rechtzeitig mit ihren Verhaltensweisen konfrontieren, damit sie für ein Leben ohne Gewalt gerüstet sind.

Die wichtigsten Erkenntnisse der Gewaltforschung und die wirkungsvollsten Tipps zum Handeln gegen Gewalt werden in Kurzform jedem Kapitel vorangestellt.

Gelegentliche Wiederholungen sind unvermeidlich, damit jedes der vielen kleinen Kapitel eine innere Stimmigkeit erhält.

Hamburg, im Januar 2007   Peter Struck

I. Einleitung

- *Ohne die Fähigkeit zur Aggression können Menschen nicht überleben.*
- *Der Gewaltbegriff war ursprünglich eher positiv besetzt.*
- *Konfliktfähigkeit ist der beste Ausweg aus der „Spirale der Gewalt".*
- *Wenn wir Gewalt beklagen, meinen wir den Missbrauch von Gewalt.*

Die elterliche Gewalt ist im Artikel 6 unseres Grundgesetzes verankert.

Im Ursprung ist Gewalt ein eher positiver Begriff, wenn man an „göttliche Gewalt", an das „Gewaltmonopol" des Staates, an die politische „Gewaltenteilung" oder an die „richterliche Gewalt" denkt. Nur mit Gewalt kann man in einen Apfel beißen, nur mit Gewalt kann man einen Baum fällen oder ein Tier schlachten.

Die Fähigkeit, aggressiv zu sein, ist für Menschen lebensnotwendig, weil sie sich sonst nicht wehren, behaupten und durchsetzen sowie nicht Nein sagen können; der Kampf ums Dasein ist in jedem Lebewesen angelegt. Ohne die Fähigkeit und Bereitschaft zur Gewalt ist Notwehr, ist ein Sich-Einmischen zum Schutz anderer gar nicht möglich.

Mit einem Messer kann man seine Nahrung mundgerecht zerkleinern, aber mit einem Messer kann man auch einen anderen Menschen ermorden. Segen und Fluch sind zugleich in jeder unserer aggressiven Anlagen enthalten; auf den Umgang mit unseren Anlagen zur Gewalt und auf die Bewertung ihres Einsatzes kommt es an, wenn es um Aggressionen geht.

In den X-Chromosomen der beiden Geschlechter, aber insbesondere im Y-Chromosom und der dadurch bewirkten Ausschüttung des Hormons Testosteron des Jungen und des Mannes ist Gewaltbereitschaft angelegt, damit Ernährung, damit Werbung um Vermehrungspartner und damit Abwehr von Anfeindungen überhaupt erst möglich sind. Ohne diese biologische Voraussetzung ist unser Fortbestand gar nicht denkbar.

Ein Polizist, ein Schiedsrichter, ein Jugendrichter, ein Trainer, ein Lehrer, Papa und Mama und schon das ganz kleine Kind müssen Gewalt einsetzen können, damit sie Gutes durchsetzen können. Opfer müssen gewaltreiche Verhaltensalternativen lernen, damit sie fortan nicht mehr so leicht Opfer werden wie zuvor. Täter müssen mit dem Verheerenden ihres Gewaltpotenzials konfrontiert werden, damit sie ihre Aggressionen künftig anders, also angemessen und sinnvoll kanalisieren, und die Masse der Zuschauer muss zu „Streitschlichtern" oder „Konfliktlotsen" fortgebildet werden, damit sie fortan in der Lage sind, sich notfalls auch mit Gewalt erfolgreich in brenzlige Situationen einzumischen.

Gewalt ist jedoch – trotz seiner ursprünglich positiv gemeinten Wurzel – mittlerweile ein vor allem negativ besetzter Begriff geworden. Wir sprechen von der „Spirale der Gewalt" in unserer Gesellschaft und von der „Gewalteskalation" im Kindergartenalter, von der Zunahme „schwerer Gewaltkriminalität", von „Gewaltverbrechern", von „Schulgewalt", und wir differenzieren in Hinsicht auf den zuletzt genannten Begriff zwischen „Schülergewalt", „Gewalt von Schülern gegen Mitschüler", „Gewalt von Schülern gegen Lehrer", „Gewalt von Lehrern gegen Schüler", „Schulweg-, Schulhof- und Schulbusgewalt" sowie „Schulsystemgewalt".

Wenn Gewalt in unserem allgemeinen Sprachgebrauch ebenso wie Überangst, Sucht und Krankheit beklagt wird, dann geht es offensichtlich um den Missbrauch von Gewalt. Um diesen Missbrauch soll es im vorliegenden Buch gehen, wohl wissend, dass wir diesen Missbrauch ganz oft nur mit Gegengewalt abwenden oder therapieren können. Aus diesem Grund werden in den zwei großen Gruppen aller folgenden Kapitel zunächst sämtliche denkbaren Formen von Gewaltmissbrauch so dargestellt, dass wir verstehen können, wie sie entstehen und wachsen; und danach wird dem Leser aufgezeigt, was wir inzwischen über Erfolgskonzepte gegen den Missbrauch von Gewalt wissen, welche Strategien sich vorbeugend gegen Gewaltmissbrauch bewährt haben und was man auch dann noch „reparierend" tun kann, wenn das Kind oder der Jugendliche bereits „in den Brunnen gefallen" ist.

Das Verstehen der Ursachen von Gewaltmissbrauch, die Gewaltprävention und die Therapie von Gewalttätern sind die drei großen Säulen dieses Ratgebers für Eltern, Erzieher, Lehrer, Polizei, Jugendhilfe und Politik.

Wir haben jetzt etwa 50 Jahre einer einseitig um bloßes Verstehen bemühten Pädagogik in unserer Gesellschaft hinter uns. Um dieses Verständnis muss es auch weiterhin unvermindert gehen, aber wir müssen diese *Verstehens*pädagogik dringend um eine *Handlungs*pädagogik ergänzen. Wir müssen junge Menschen auch aktiv mit ihren Taten, mit ihren Grenzübertritten, die wir als Gewaltmissbrauch definieren, konfrontieren, damit wir die „Spirale der Gewalt" unterbrechen können, damit Eltern nicht mehr so ängstlich und so hilflos wie bislang sein müssen, damit die hohe Zahl von Opferschicksalen reduziert, die der Täter minimiert und die der Streitschlichter deutlich erhöht werden können.

Eine „Nur-Gaff-" oder „Wegschaugesellschaft" produziert immer mehr Täter und Opfer, wenn Aggressionspotenziale nicht sinnvoll kanalisiert werden, wenn Opfer nicht Verhaltensalternativen für lähmende kritische Situationen erwerben und wenn die Zuschauer nicht über ein hohes Maß an Handlungskompetenz und über eine Art von Moral verfügen, die zu unserer komplexen, komplizierten, wertepluralen und entscheidungsoffenen Gesellschaft passt. Denn nur der kritische, mündige und konfliktfähige Bürger vermag Gewalt sinnvoll einzusetzen und Gewaltmissbrauch zu vermeiden.

II. Wie sich Gewalt zeigt

1. Gewaltformen

- *Die psychische Gewalt der kleinen Sticheleien und der Diskriminierung nennen wir Mobbing.*
- *Gewalt beginnt oft als Sprachgewalt.*
- *Auch mit Mimik und Gestik kann man gewalttätig sein.*
- *Die Systemgewalt und die Gewalt gegen sich selbst werden oft übersehen, richten aber vielfach Langzeitschäden an.*
- *Gewalt gegen Sachen, Gewalt gegen Menschen und sexuelle Gewalt finden die höchste Aufmerksamkeit in den Medien.*

Aggressionen und Autoaggressionen sind Symptome für eine unausgeglichene innere Bilanz, für eine vorübergehende oder dauerhafte innere Haltlosigkeit, für ein Nichtbeachten der ansonsten gültigen Spielregeln des menschlichen Zusammenlebens mit ihren Normen, Werten und Gesetzen. Gemeint ist mit diesem Gewaltbegriff allerdings die Variante des Gewaltmissbrauchs.

Wer Gewalt in einer misslichen Form einsetzt, bemüht sich aus Hilflosigkeit um Ableitung eines inneren Frustrationsstaus im Sinne einer Ventilfunktion. Die Entscheidung darüber, wohin die Aggressionen dabei gerichtet werden, wird in der Regel unbewusst getroffen, und zwar entweder, indem bestimmte, oft vorgelebte Gewaltformen im Sinne eines Modelllernens imitiert werden oder indem sich die Gewalt gegen den eigenen Körper richtet. Dies geschieht, weil die aggressiven Auswege erzieherisch verpönt und mit Strafandrohung verbaut werden oder weil sie im Umfeld des jungen Menschen nicht vorgelebt werden:

- Gewalt beginnt meist sehr gering dosiert in Form der *Sprachgewalt*. Innere Unzufriedenheit, kleine Niederlagen oder Versagenserlebnisse führen zu Frust, und der wird dann mit Fäkaliensprache entladen. „Scheiße", „Arschloch", „fuck!", „du dumme Sau" oder auch das von amerikanischen Rapmusikern bevorzugte „Motherfucking" sind bewusst negativ gemeinte Verbalien, mit denen vor allem die innere Notlage oder ein herber Schicksalsschlag nach außen veranschaulicht werden sollen. Mit schlimmen Kraftausdrücken beschimpft der „Täter" entweder sich selbst (beispielsweise im Rahmen eines Selbstgesprächs), sein Los oder einen anderen Menschen, dem die Schuld für ein Versagenserlebnis zugeschoben werden soll.
- Im weitesten Sinne gehört zur Sprachgewalt auch die Gewalt der *Körpersprache*, indem mit Mimik Verachtung ausgedrückt oder mit Gestik beleidigt wird. Wer einem anderen

"den Vogel zeigt" oder den „Fuck-Finger" entgegenstreckt, will ihm sein Missfallen zum Ausdruck bringen, aber auch seine grundsätzliche oder nur akute Missachtung.

- Die psychische Gewalt gegen andere nennen wir *Mobbing*. Sie gibt es oft in der Form des Psychoterrors, indem Minderheiten diskriminiert werden, indem Vorurteile wider besseres Wissen gezielt als Kampfmittel eingesetzt werden, indem Rivalen am Arbeitsplatz oder beim Karrieregerangel diskreditiert werden oder indem man sich selbst in ein besseres Licht stellen will, wenn es um Rangordnungsaufstieg oder um Ansehenssteigerung in Bezug auf die Dimensionen Beliebtheit, Tüchtigkeit oder Stärke geht. Frauen-, Ausländer- oder Behindertenfeindlichkeit sind Ausdrucksformen von Mobbing, aber auch Lügen und Weglassen von Informationen. Gemobbt werden Männer durch Frauen, Jüngere durch Ältere, Außenseiter durch Trendsetter, Brillenträger, Rothaarige, Kinder mit Sommersprossen und Hochbegabte, Menschen mit Teilleistungsstörungen wie Legasthenie und Dyskalkulie, Hyperaktive, Gedächtnisschwache, Stotterer, Hörgeschädigte, feinmotorisch Gestörte, zu klein oder zu groß Geratene, Übergewichtige, Magersüchtige und Menschen mit Hakennasen oder solche mit zu großen oder zu kleinen Brüsten, mit einem zu kleinen Penis oder einem ungewöhnlichen Gang. Schon immer mussten Bucklige, Menschen mit einem Kropf, zu früh oder zu stark Behaarte und solche mit einem Klumpfuß als Zielscheiben für einen ausgrenzenden Spott, also für die Selbstaufwertung der Täter bzw. der Mobbingakteure herhalten. Im weitesten Sinne gehört auch der Klingelstreich bei der alten Dame an der Ecke zur Kategorie des Mobbings. Beim Mobbing handelt es sich oft um unterschwellig, also gering dosiert eingesetztes Verächtlichmachen in den Augen anderer. Kleine Sticheleien, Ironie oder auch derber Zynismus und Sarkasmus vermögen das Opfer mit Worten härter zu treffen als Schläge, so dass Mobbing einen tiefer gehenden und länger anhaltenden Schaden anrichten kann als eine körperliche Verletzung. Die schlimmste Mobbing-Waffe ist wohl das Bloßstellen eines Menschen in der Öffentlichkeit, also beispielsweise das Blamieren eines Schülers durch einen Lehrer vor der ganzen Klasse.
- Die häufigste Form von Gewalt ist die *Gewalt gegen Sachen*. Sachbeschädigung gibt es als wahllose Entladung eines inneren Frustüberdrucks, indem Türen geknallt, Scheiben eingetreten oder so gegen einen Baumstamm geschlagen wird, dass man sich selbst mehr weh tut, als dass dem Baum etwas passiert. Gewalt gegen Sachen wird beispielsweise eingesetzt, um einem Feind einen indirekten Schaden zuzufügen, indem man sein Auto zerkratzt oder sein Türschloss mit einem Sekundenkleber funktionsuntüchtig macht. Manchmal hat Gewalt gegen Sachen sogar einen künstlerischen Aspekt, wenn etwa triste Betonflächen durch Graffiti-Sprüher mit *Tags* oder *Pieces* „verziert" werden. Sachbeschädigung kann aber auch dem Rangordnungsaufstieg innerhalb einer Gruppe dienen, indem sich ein Schüler vor Mitgliedern seiner Peer-Group traut, Kleiderhaken in den Schulfluren abzubrechen – weil das so schön knackt, weil es einen hohen Kraftaufwand, eine geschickte Technik und viel Mut „zum Verbotenen" erfordert. Manchmal wird bei „gut" erzogenen Kindern dieser Mut nur aufgebracht, wenn kein konkreter Mensch geschädigt wird, sondern „nur" der Staat, die Wohnungsbaugenossenschaft oder ein Kaufhauskonzern, indem Parkbänke umgekippt, Papierkörbe abgefackelt, Preisschilder ausgetauscht oder Lastwagen besprüht werden.

1. Gewaltformen

- Die schwerwiegendste Form von Gewalt ist die *Gewalt gegen Menschen*; sie reicht vom Treten, Kneifen und Boxen, von der Ohrfeige und dem Erlernen von Kampfsporttechniken, um sie erfolgreicher beim Zuschlagen einsetzen zu können, bis hin zum Einsatz von Waffen, um andere auszurauben, schwer zu verletzen oder gar zu töten. Das Waffentragen gilt dabei ebenso als Vorstufe zur körperlichen Gewalt wie das Sich-martialisch-Aufmachen mit Glatzen, Bodybuilding, Piercen, Tätowieren, Springerstiefeln, Bomberjacken und Ketten- oder Baseballschlägertragen, um missliebige Menschen so einzuschüchtern, dass sie leichter für die Opferrolle taugen. Zur Gewalt gegen Menschen werden letztlich auch Fremdenfeindlichkeit und die extremen Formen von Hooliganismus gezählt, mit dem jede Woche einmal gegnerische Fans ausgeguckt werden, um sie zur eigenen Aufwertung verprügeln zu können.

- Zur Gewalt gegen Menschen gehört als Sonderform auch die *sexuelle Gewalt*, mit der andere Menschen zu bloßen Lustobjekten für die eigene Befriedigung herabgesetzt werden. Mit Vergewaltigung und sexuellem Missbrauch ist ja gemeint, dass das Opfer der gewünschten Triebbefriedigung des Täters nicht zustimmen kann oder will und dass sich der Täter überhaupt nicht um die Zustimmung des Opfers zu seinen körperlichen Wünschen bemüht. Im weitesten Sinn gehört auch das „Stalking" dazu, also das Verfolgen von Menschen, die nicht zur Gegenliebe bereit sind, einschließlich des Brief- und Telefonterrors.

- Die am stärksten vernachlässigte Form des Gewaltmissbrauchs ist die *strukturelle Gewalt* oder *Systemgewalt*. Wir kennen sie aus totalitären und autoritären Gesellschafts- und Erziehungssystemen, mit denen Normen und Werte von oben herab verordnet werden, ohne dass der Bürger oder auch der junge Mensch von ihnen überzeugt wird. Wenn Menschen nicht zustimmen können, dass ihr Wohngebiet von verkehrsreichen Straßen zerschnitten wird, dass die Architektur ihrer Trabantenstadt inhuman ist, dass ihre Arbeitsplätze wegrationalisiert werden, dass Neubaugebiete ohne soziale Folgeeinrichtungen hochgezogen werden oder dass sie in Kriegsgelüste ihrer Machthaber verwickelt werden, dann sind sie Opfer von Systemgewalt. Wenn Eltern ihre Kinder vernachlässigen oder überfordern, wenn sie sie mit Macht in inakzeptable Grenzen zwingen, wenn sie sie überreden, statt zu überzeugen, dann sind Kinder ebenso Opfer von struktureller Gewalt wie auch dann, wenn sie zwischen rasendem und parkendem Autoblech, zwischen „Mitschnackern" und gewalttätigen Jugendbanden spielen müssen. Viele deutsche Schüler sind aber auch Opfer der schulischen Systemgewalt mit ihrer Notengebung, ihren Aspekten „Sitzenbleiben", „Rücklaufenlassen", „Kursabstieg", „Verweigerung von Schulabschlüssen" sowie ihren maroden Gebäuden, ihren hohen Klassenfrequenzen, ihren unzeitgemäßen frontalen und lehrerzentrierten Belehrungsmethoden und von unstimmigen Wellenlängen zu ihren zufällig vorhandenen Lehrerpersönlichkeiten. Nicht zu vernachlässigen ist, dass zur strukturellen Gewalt auch die Medieneinflüsse und die jugendkulturellen Trends mit ihren Sogwirkungen in Richtung Musikgeschmack, Fäkaliensprache, Markenklamotten oder Drogenkonsum gehören.

- Kinder, die aus welchen Gründen auch immer nicht zu Aggressionen, also zur Gewalt nach außen neigen, weil ihnen Aggressionen nicht vorgelebt werden oder weil sie ihrem Naturell widersprechen, entscheiden sich oft zur *Gewalt gegen sich selbst*, die wir früher *Regression* nannten, dann *Autoaggression* und nun als *Autodestruktion* bezeichnen. Wer gelernt hat, dass man Gewalt nie gegen Sachen und Menschen richten und nicht in Form von Sprachgewalt zum Ausdruck bringen darf, wer so etwas nicht vorgelebt bekommt und zugleich erfahren hat, dass das heftig bestraft wird, ist mit einem solchen Maß an Verpönung von Aggressionen aufgewachsen, dass er die Gewalt eher gegen sich selbst richtet, als sie nach außen abzuleiten. Die meisten Erwachsenen und im Ausschnitt der Schülerschaft die Gymnasiasten entscheiden sich häufiger für die Gewalt gegen sich selbst als zum Beispiel Hauptschüler. Als Beispiele für Autoaggression bzw. Autodestruktion wird immer wieder Folgendes genannt: psychosomatische Störungen wie Migräne, Bauchschmerzen, Rückenschmerzen, Bettnässen, nervöse Tics, Nägelkauen und Hauterkrankungen (Neurodermitis, Ekzeme, Allergien, Warzen), Asthma, Essstörungen (Magersucht, Esssucht, Bulimie), der Weg von der Depression über die Todessehnsucht in den Suizidversuch, der Ausstieg (der oft der Einstieg in die Abhängigkeit von Stoffen und in eine Suchtkarriere ist) aus den vielen Übererwartungen, Reizüberforderungen und kleinen und großen Niederlagen des „grauen Alltags" mit Nikotin, Alkohol, Tabletten und illegalen Drogen sowie die Selbstverletzungen, Selbstverätzungen und Selbstverstümmelungen (auch in Form des harmloseren Piercens und Tätowierens); außerdem gehört der totale soziale Rückzug dazu, den Soziologen „Singularisierung" und Trendforscher „Cocooning" nennen und den so manch eine Mutter auf folgende Weise beschreibt: „Mein Sohn ist eigentlich so intelligent und so lieb, aber er hat überhaupt keine Freunde, und er geht nie weg; er schließt sich jeden Tag stundenlang in sein Zimmer ein und kommuniziert nur noch mit dem Computer und dem Internet." Der Einstieg in Sucht kann aber auch nichtmateriell geschehen, und zwar in Form von Ersatzbefriedigungen, wie wir sie als Sammelwut, Waschzwang, Spielsucht, Arbeitswut („Workaholics"), Ordnungswahn oder Sexsucht kennen.

▪ *Überängste* stehen für Traumata durch schlimme Lebensschicksale: Kinder aus Kriegsgebieten, Tsunami- und Erdbebenopfer oder auch kleine Kinder, die zahlreiche Male auf dem Bildschirm ihres multimedial vernetzten Kinderzimmers gesehen haben, wie am 11. September 2001 zwei Flugzeuge die beiden Türme des World-Trade-Centers in New York zum Einsturz brachten oder wie gewaltige Wellen Hotelanlagen auf Sri Lanka überrollten, sind auch Jahre später noch nicht in der Lage, ohne Angstattacken ein Feuerwerk zu ertragen, einen Fahrstuhl oder ein Flugzeug zu betreten, am Strand von Sylt spazieren zu gehen oder einen großen Platz zu überqueren. Mit Albträumen, Platzängsten und Verfolgungswahn oder auch mit Spielen von Krieg versuchen sie hilflos, ihre Ängste zu verarbeiten, weil nie jemand hinreichend versucht hat, mit intensiven Gesprächen ihre Traumata zu überwinden und das Erlebte in ihr Weltbild einzuordnen. „Posttraumatische Stressphänomene" nennt man dann ganz vornehm das permanente Ausweichen in Überängste und zwanghafte Abwehrreaktionen.

2. Wie entsteht Gewalt?

- *An Aggressionen können sich Menschen gewöhnen, indem Reiz-Reaktions-Mechanismen eintrainiert werden und auf „eingefahrene Gleise" geraten.*
- *Eine Ursache allein reicht nicht aus, um den Beginn von Gewalt zu erklären.*
- *„Multiproblemmilieus" begünstigen Gewalt, müssen aber nicht zur Gewaltbereitschaft führen.*
- *Männliche Jugendliche und Heranwachsende sind besonders oft gewalttätig.*
- *Erst mit einer Jungenpädagogik, die sich um das Verständnis dafür bemüht, wie sich Jungen „von innen anfühlen", können wir Jungen auf eine Weise mit ihren Taten konfrontieren, dass sie nicht mehr so oft aggressiv werden.*

Die Journalisten sagen, Gewalt sei vor allem jung, männlich und dumm; und sie meinen damit statistische Auffälligkeiten. Die Kriminalitätsstatistiken weisen nämlich aus, dass die allermeisten Gewaltdelikte von Jugendlichen und Heranwachsenden männlichen Geschlechts mit nicht so hohem Intelligenzquotienten begangen werden. Die Pubertät mit ihrem in ihren Altersstufen entwicklungspsychologisch so normalen Bedürfnis, Grenzübertritte auszuprobieren und sich mit Abenteuerlust in das „verbotene Land" zu wagen, ist besonders für Gewaltmissbrauch anfällig, und zwar sowohl auf der Täterseite als auch auf der Opferseite. Gewalt hat für junge Leute leider oft etwas Faszinierendes, ja sie hat gelegentlich einen erotischen Aspekt, und sie wird durchweg zur Selbsterfahrung gegenüber Gleichaltrigen und zur Grenzerfahrung gegenüber den in Familie, Schule und Nachbarschaft gültigen Normen und Werten eingesetzt.

Zur Gewalt kommt es, wenn ein stimmiges Weltbild noch nicht aufgebaut ist, wenn mit Neugier und Wagemut die Grenzen des Zusammenlebens ausgetestet werden, wenn sich Unsicherheit, Versagenserlebnisse, Niederlagen, Zurückweisungen, ein geringes Selbstwertgefühl und eine Reihe von misslichen Rahmenbedingungen für das eigene Leben addieren.

Gewalt hat nie nur eine Ursache; es müssen schon zahlreiche Bedingungen im jungen Menschen und in seinem Umfeld zusammenkommen, damit sie virulent wird. Nur *ein* Grund allein – wie zum Beispiel Armut, niedrige Intelligenz, Fernseheinflüsse, verwehrter Schulabschluss, Scheidung der Eltern, Arbeitslosigkeit oder schlechter Umgang – reicht eigentlich nie aus, damit ein junger Mensch gewalttätig wird.

Kriminologen sprechen daher von „Multiproblemmilieus" als einem Ursachenkomplex, der gewaltauslösend sein kann, aber keineswegs sein muss. Es gibt viele junge Menschen, bei denen 20 schlimme Lebensumstände zusammenkommen, ohne dass sie als gewalttätig auffallen; andere werden aber schon kriminell, obwohl nur 16 dieser ungünstigen Faktoren ihr Leben mitbedingen.

Sagen wir also zunächst, warum mehr als 90 Prozent aller Jugendlichen und Heranwachsenden eigentlich nie durch eine gravierende Gewalttat auffallen: Bei ihnen wurden stets ihre auf die Welt mitgebrachten Grundbedürfnisse in der sinnvollen Mitte angesprochen. Sie bekamen weder zu wenig noch zu viel Liebe, Zeit, Ansprache, zuhörende Aufmerksamkeit, Bewegung, Spielanlässe, Körperkontakt und Muße; ihre Kräfte wurden stets angemessen herausgefordert, ohne dass sie permanent unter- oder überfordert wurden; die Grenzen wurden weder zu weit noch zu eng, vor allem aber konsequent gesetzt; sie konnten ein stimmiges Weltbild aufbauen; sie hatten das nötige Maß an familiärer Einbindung; und sie hatten im Allgemeinen eine stimmige Ernährung. Bei „gelungenen" jungen Menschen lässt sich im Rückblick feststellen, dass ihren drei Arten von Bindungsbedürfnissen erzieherisch entsprochen werden konnte, denn sie brauchen alle

- die Bindung an Bezugspersonen, zumindest aber an eine, die es auch über ihre Krisen hinweg mit ihnen aushält (ersatzweise binden sie sich an missliche Freunde, an Idole oder Demagogen),
- die Bindung an ein stimmiges Weltbild (Spielregeln, Normen, Werte, Grenzen, Gesetze, Naturgesetze bzw. eine Religion oder ersatzweise eine Ideologie oder eine subkulturelle Bindung) und
- die Bindung an ihre eigene Zukunft mit Motivationen, Perspektiven oder einem Lebensplan (ersatzweise binden sie sich bei deren Fehlen an Phantasien, Träume oder Utopien, oder sie steigen mit Drogen aus).

Umgekehrt ist die Wahrscheinlichkeit sehr groß, dass ein Kind zu Gewaltmissbrauch neigt, wenn es aufgrund einer Frühgeburt mit einer Sauerstoffunterversorgung und einhergehenden partiellen Hirnausfällen in sein Leben startet, wenn es von seinen arbeitslosen Eltern als unerwünscht und störend empfunden wird – z.B. weil es ein Junge und kein Mädchen geworden ist –, seine Eltern hoch verschuldet sind und von der Sozialhilfe lebend in einem sozio-kulturell benachteiligten Stadtteil „hausen" und sich ein paar Jahre später scheiden lassen, wenn dieses Kind zuvor täglich von seiner Mutter geschlagen und anschließend von seinem Vater sexuell missbraucht wird, wenn mit diesem Kind kaum gesprochen und nie liebevoll gekuschelt wird, wenn es feinmotorisch gestört, hyperaktiv, mit einem geringen IQ ausgestattet und meistens falsch ernährt ist, wenn es bei Stress durch hormonale oder Stoffwechselbesonderheiten zu viel Adrenalin und Testosteron produziert und ohnehin ein cholerisches Temperament hat, wenn es wegen seiner Hakennase, seiner Fettleibigkeit, seiner Kleinwüchsigkeit und seines Ausländerstatus schon im Kindergarten oft gehänselt wird, wenn es im Fernsehen häufig und viel zu früh sieht, wie seine Bildschirmhelden mit Pistolen, Fäusten und PS-starken Gefährten ihre Probleme „lösen", wenn es zugleich in einem Milieu lebt, in dem Straßenbanden ihre Konflikte mit „Gangbanging" austragen,

2. Wie entsteht Gewalt?

wenn es als Linkshänder und Legastheniker stets sogleich wieder mit dem Handballen verwischt, was es gerade mit Füller geschrieben hat, und wenn seine Lehrerin daraufhin immer schimpft, wenn es sitzenbleibt und es nicht einmal bis zum Hauptschulabschluss schafft, keinen Ausbildungsplatz bekommt und arbeitslos bleibt und wenn es dann von einer Skinheadgruppe aufgenommen wird, die Familienersatz, Geborgenheit, Feindbild und Solidarität bietet …

Aber selbst wenn all diese Faktoren zusammenkommen, ist noch längst nicht sicher, dass dieses Kind später mit den Gesetzen in Konflikt gerät; die „Chance" ist jedoch größer als bei Kindern, die mit diesen Umständen nicht aufwachsen.

Der Leiter des Kriminologischen Forschungsinstituts Niedersachsen, Christian Pfeiffer, hat gerade im Rahmen einer Untersuchung über den Zusammenhang von Schulschwänzen und Jugendkriminalität festgestellt, dass Schulschwänzen in dem Maße zunimmt, wie „intakte soziale Netzwerke" fehlen; und die fehlen im Norden Deutschlands offenbar mehr als im Süden: Während junge Menschen in Bayern und Baden-Württemberg häufiger in einer intakten Familie und in einer noch funktionierenden Hauptschule aufwachsen, ist der Familienzerfall in Schleswig-Holstein und Hamburg besonders stark fortgeschritten, und auch die Hauptschule ist dort nur noch eine „Restschule" mit der Konzentration von Problemfällen, so dass in Kiel 15,1 aller Schüler notorische Schulschwänzer sind, in Hamburg 14 Prozent, in Hannover 13,5 Prozent, in Leipzig 11,3 Prozent, in Schwäbisch Gmünd 8,3 Prozent, in Stuttgart 7,8 Prozent und in München lediglich 5,9 Prozent.

Zwischen Schulschwänzen und Jugendkriminalität besteht ein evidenter Zusammenhang, mit dem es allerdings so ähnlich wie mit der Henne und dem Ei ist; es ist nämlich nicht so ganz klar, welches Phänomen zuerst da ist und welches die Folge ist; wahrscheinlich geht aber beides sich wechselseitig hochschaukelnd Hand in Hand.

Gewalt hat viele Väter, und sie hat mehr Väter als Mütter, denn das Wiederaufleben alter Männlichkeitsideale („Macho" sein, „cool" sein, äußere Stärke statt eines inneren Halts) bei gleichzeitigem Rückzug der Männer in der Erziehung aus den Dimensionen Nähe, Emotionalität, Körperkontakt und sozialem Engagement hat leider dazu geführt, dass vor allem für die kleinen Jungen, die auf der Suche nach ihrer Geschlechtsrolle sind, viel zu viel brutale Männlichkeit und viel zu wenig liebevolle Väterlichkeit repräsentiert wird, und zwar in der Familie, im Kindergarten, in der Schule, in der Nachbarschaft, in den Medien, in der Politik, in der Gesellschaft sowie weltweit. Die Männer haben sich erzieherisch und in Bezug auf die kindlichen Grundbedürfnisse zurückgenommen, sie haben viel zu vieles den Frauen überlassen, und da ist es noch lange nicht genug, wenn die Frauen es mit der Erziehung an sich gut machen. Die heute oft beklagte „Feminisierung" der Erziehung hinterlässt nämlich vor allem eine Lücke in der Dimension der väterlichen Grundversorgung des Kindes, in die dann Bildschirmhelden, Jugendbandenbosse, Waffentragendes, Muskelstrotzendes, Hooliganismus, Machohaftes und sich mit Pferdestärken und Pitbulls Zierendes eindringen.

Die erzieherisch unterversorgte rechte Hirnhälfte der Jungen, in der das Emotionale, das Musische, das Kreative, das Soziale und das Kommunikative ihren Ort haben, die mit der bei Jungen so schwachen Brücke zur linken Hirnhälfte zu wenig durch das Rationale der linken Hirnhälfte kompensatorisch korrigiert werden kann, und die bei Jungen zu dürftigen direkten emotionalen, sozialen und kommunikativen Herausforderungen sind ebenso schuld an ihrem schwachen inneren Halt, der mit äußerer Stärke kaschiert wird, wie der Mangel an Konfrontation mit ihren aggressiven Verhaltensweisen im Spiegelbild der Gleichaltrigen. Gerade bei Jungen müssen wir uns viel mehr als bisher um Zustimmung zu unseren Erziehungsweisen bemühen; gerade den Jungen müssen wir helfen, angemessener auf Probleme zugehen zu können, damit sie nicht mit Gewalt, Sucht und Krankheit ausweichen, weil sie Konfliktfähigkeit nicht haben aufbauen können. Wir müssen sie besser als bislang verstehen, und wir müssen sie im Rahmen einer „Jungenpädagogik" mit ihren Verhaltensweisen und Taten konfrontieren, damit sie nicht mehr so oft aus Hilflosigkeit zum Mittel des Gewaltmissbrauchs greifen wie leider heute immer noch.

Aber dass das für die Mädchen auch gilt, werde ich noch aufzeigen.

3. Ohne Aggressionen geht es nicht

- *Die Aggression ist die nach außen freigesetzte Frustration.*
- *Fast jeder Mensch ist zu Aggressionen fähig.*
- *Aggressionen können lebensrettend sein.*
- *Kinder müssen lernen, Aggressionen kultiviert zu kanalisieren.*
- *Aggressionen haben auch eine lustige und spielerische Dimension.*
- *Streitschlichter und Konfliktlotsen müssen auch aggressiv im Sinne von konfrontativ sein können.*

Es gibt Theorien, die Aggression als Verhalten definieren, und es gibt solche, die sie als menschliches oder auch als tierisches Grundbedürfnis beschreiben.

Wenn Aggression ein auf Schädigung des anderen zielendes Verhalten ist, dann kann sie im Rahmen von kultivierten menschlichen Umgangsformen nicht akzeptiert werden; wird sie jedoch als für Tiere lebensnotwendiges Durchsetzungs- und Behauptungsmittel verstanden, dann muss sie als biologisch normal hingenommen und sinnvoll gesteuert werden.

3. Ohne Aggressionen geht es nicht

Kinder sind nicht nur friedensfähige Menschen, in ihren Genen wohnt auch ein Aggressionspotenzial, und zwar bei Jungen etwas mehr als bei Mädchen.

In der Schule müssen Aggressionen kultiviert kanalisiert werden. Sie treten zwar bei Frust auf, sie dürfen aber nicht wahl- und ziellos gegen Mitschüler und Lehrer eingesetzt werden, indem der aufgestaute Frust irgendwohin hinausgelassen wird, um das innere Gleichgewicht wieder herzustellen. Aber wenn jemand bis zur Körperverletzung hin bedroht wird oder gar sein Leben in Gefahr ist, dann muss er sich aggressiv wehren dürfen; wir nennen das Notwehr, und die ist erlaubt.

Es gibt Situationen, in denen sich Kinder mit Aggressionen wehren, behaupten und durchsetzen müssen, weil sie ohne die Fähigkeit zur Notwehr-Aggression erheblich beeinträchtigte Opfer werden würden.

Als Christina Nytsch mit ihrem Fahrrad im niedersächsischen Saterland zur Schule fuhr und dann auf dem Weg von einem Mann vom Fahrrad gerissen, vergewaltigt, ermordet und schließlich in einem weit entfernten Wald abgelegt wurde, fragten die besorgten Eltern ihrer Mitschülerinnen, ob sie ihren Töchtern für solche kritischen Situationen beibringen müssten, wo man einem Mann einen gezielten Tritt oder Schlag hinversetzen muss, damit lebensrettende Fluchtsekunden gewonnen werden können, und ob sie das schon siebenjährigen Mädchen beibringen müssten.

Ich bin sicher, dass in unserer komplizierten und auch gewaltreichen Zeit so etwas durchaus beigebracht und eintrainiert werden sollte, damit diese Notwehr-Aggression für ernsthafte, lähmende Situationen zur Verfügung steht. Dazu gehört dann aber auch, dass verschiedene Varianten von kritischen Situationen nebeneinandergestellt und jeweils dazu passende Verhaltensalternativen erörtert, bewertet und eingeübt werden müssen (Umkehr, Flucht, schreien, nicht schreien, argumentieren, Hilfe holen), damit der Tritt in die Geschlechtsteile nicht schon dann als Aggressionsmittel eingesetzt wird, wenn ein siebenjähriger Mitschüler auf dem Schulhof einen harmlosen, aber leicht beleidigenden Scherz macht.

Heute muss jeder Mensch auch aggressiv sein können, und deshalb sorgen viele Eltern dafür, dass ihre Kinder Judo, Karate oder andere Kampfsporttechniken beherrschen, damit sie sie im Notfall zu ihrem eigenen Überleben einsetzen können, aber auch, damit sie so selbstsicherer und selbstbewusster aufzutreten vermögen und damit sie als Opfer nicht mehr so ohne weiteres in Frage kommen.

Im weitesten Sinne ist Aggression ein nicht-passives Verhalten. Wir müssen aggressiv sein können, um das tödliche Gift einer Schlange gemeinsam mit dem umliegenden Körpergewebe aus dem Unterarm eines Kindes herauszubeißen und anschließend ausspucken zu können, wir müssen aggressiv sein können, wenn wir Chirurgen sind und wenn wir zwei Schüler, die größer und stärker sind als wir und die sich völlig haltlos auf dem Schulhof blutig schlagen, zum Schutz ihres Lebens oder ihrer Gesundheit auseinanderreißen müssen.

Kinder haben sehr unterschiedliche Temperamente. Einige von ihnen neigen zu cholerischen Wutausbrüchen oder zu amokähnlichen Aktionen, die unser Eingreifen erfordern oder – wenn wir nicht zugegen sind – das Eingreifen von Mitschülern, die zu Streitschlichtern oder Konfliktlotsen fortgebildet wurden. Wenn Schüler im Affekt alles vergessen oder verdrängen, was sie zuvor durch eine gute Erziehung an kultivierten Interaktions- und Kommunikationsweisen mit ihrer eigenen Zustimmung gelernt haben, dann müssen andere Menschen aggressiv eingreifen können, und zwar sowohl zum Schutz möglicher Opfer als auch zum Schutz des Täters selbst, der ansonsten mit strafbaren Handlungen in die Mühlen der Justiz und von Regressforderungen käme oder der selbst im Fortgang der Auseinandersetzung schwer verletzt werden könnte.

Wenn Schüler ganz oder vorübergehend keinen inneren Halt haben, muss man ihnen zunächst äußeren Halt geben, indem man sie beispielsweise – weil sie völlig die Kontrolle verlieren – 20 Sekunden lang auf den Boden oder an die Wand drückt oder fest mit seinen Armen umschließt. Damit gibt man ihnen die Möglichkeit, erst einmal wieder gleichmäßig zu atmen, sich zu beruhigen und Zeit für ein Nachdenken zu gewinnen. Durch den Halt gebenden Menschen spüren sie dann, dass sie es wert sind, dass so viel Kraft für sie aufgewendet wird, ganz abgesehen davon, dass das Halten auch symbolisch wirkt, indem der anfangs äußere Halt zum späteren inneren Halt zu werden vermag. Mit diesen „Haltprojekten" haben niederländische Pädagogen große Erfolge gegenüber gewalttätigen jungen Menschen erzielt.

Übrigens: Schlagen ist immer eine Aggression, aber Schlagen ist nicht gleich Schlagen. Es kommt darauf an, wie man schlägt, womit man schlägt, wie es gemeint ist und ob es vom Opfer akzeptiert wird:

- Wenn der freundschaftliche Klaps eines schmächtigen Jungen auf die Schulter seines viel größeren und stärkeren Freundes wirklich freundschaftlich, aber deutlich gemeint ist, ist er akzeptabel.
- Wenn Papa gut gelaunt ist und mit einem Lächeln seinen dreijährigen Sohn beim Jagen durch die Wohnung einfängt, ihm dann einen leichten Klaps auf den Po gibt und der Kleine dann aufjauchzt, dann ist dieser Klaps in Ordnung.
- Wenn man bei einem gruppendynamischen Spiel einen Mitspieler mit einem Vorschlaghammer aus Schaumstoff symbolisch zu schlagen hat, ist das okay.
- Und wenn Mama ihrem Sohn ein einziges Mal in 18 Jahren einen Schlag versetzt, um in einer extrem gefährlichen Lebenssituation ein Übermaß von Deutlichkeit im Sinne

einer lebensrettenden Grenzerfahrung walten zu lassen, ist dieser Schlag ganz anders zu bewerten als derjenige, der sich in einer Kette von täglichem Schlagen ereignet. Der Schlag mit der flachen Hand oder mit der Faust ins Gesicht oder mit dem Rohrstock auf den Körper ist aber immer verboten, weil er die Würde des Opfers verletzt, weil er seine Gesundheit beeinträchtigt und weil er nie und nimmer vom Opfer und von der Gesellschaft akzeptiert werden kann. Insofern ist das Verbot des Schlagens, das der Deutsche Bundestag verabschiedet hat, ein außerordentlich wichtiges Signal auf dem Wege zur Verpönung von Gewaltmissbrauch gegenüber Kindern.

Ganz ohne Aggressionen geht es also weder in der Erziehung noch im Zusammenleben von Menschen. Bei immer wieder zu übermäßigen Gewaltausbrüchen neigenden Schülern hat es sich bewährt, Aggressionen, die nicht von heute auf morgen abstellbar sind, sinnvoll zu kanalisieren, so dass andere Menschen durch sie nicht geschädigt werden:

- Viele Schulen haben Spiel- oder auch Aggressionsräume, in die Schüler dann gehen können, wenn sie sich geärgert haben und wenn sie spüren, dass sie wieder einmal kurz davor sind zu explodieren. Sie stülpen sich dann Boxhandschuhe über und schlagen auf einen Punchingball ein; sie steigen dreimal nacheinander auf einen Schrank und springen auf die davor liegenden Matten; sie bearbeiten ein zu diesem Zweck abgestelltes Schrottauto mit einem Vorschlaghammer; oder sie greifen zu Hanteln, stemmen Gewichte oder kanalisieren ihren Kraftüberschuss in andere Fitnessgeräte.
- Die aus den Niederlanden kommenden „Snoezelen-Räume", in denen ein von innen beleuchtetes Wasserbett steht, in denen gleichzeitig Düfte, Klänge und bunte wechselnde Lichteffekte eine Fülle von Sinneserfahrungen initiieren, sind so etwas wie Beruhigungsräume in vielen deutschen Kindergärten wie zum Beispiel dem in Westerland auf Sylt.
- Kampfsportarten und sehr körperbetonte Ballsportarten wie Rugby binden Aggressionen in Spielregeln hinein, oft ergänzt durch Höflichkeit und um Respekt vor dem Gegner bemühte Rituale, wie wir sie von Kickboxern, Judokas, von Sumo-Ringern oder von Akteuren anderer ostasiatischer Kampfsportarten wie Taekwondo oder Aikido her kennen. Das ganz natürliche Aggressionspotenzial lässt sich kultivieren, und damit wird es nicht nur berechenbar, sondern es wird auf diese Weise auch vermieden, dass es sich in Form von Neurosen, Psychosen, Süchten, Selbstverletzungen, psychosomatischen Störungen, Depressionen oder anderen Krankheiten gegen den eigenen Körper richtet.

Es gibt übrigens noch eine andere Variante von Aggression: Der bestens erzogene 13-jährige Sohn boxt seiner Mama, die er sehr liebt, zur Begrüßung in den Bauch, als er von der Schule nach Hause kommt. Mama schreit „au!", aber sie weiß, dass es ihr Sohn eigentlich lieb gemeint hat. Er hat dieses Übermaß an wehtuender Deutlichkeit für seine Liebkosung gewählt, um nicht als zu weich, als feminin oder schwul missverstanden zu werden; so hat er es von seinen coolen Macho-

Freunden gelernt, die mit äußerer Stärke ihre innere Schwäche und ihre eigentlich durchaus vorhandenen emotionalen Bedürfnisse übertünchen wollen.

4. Die Entscheidung zwischen Angst, Krankheit, Sucht und Gewalt

- *Kinder, die nicht gelernt haben, mit einer Fülle von erzieherisch aufgebauten Verhaltensweisen angemessen auf ein Problem zugehen zu können, sind nicht konfliktfähig.*
- *Für sie ist dann das Ausweichen mit Aggressionen, mit psychosomatischen Erkrankungen oder mit stofflicher Ersatzbefriedigung leichter.*
- *Wer in einem gewaltreichen Milieu aufwächst, neigt über Modelllernen und das Eintrainieren von Reiz-Reaktions-Mechanismen zu Aggressionen. Die Hemmschwelle gegen Gewalt wird herabgesetzt.*
- *Wer Aggressionen nicht vorgelebt bekommt, wer weiß, dass sie bestraft werden, neigt zur Autodestruktion, also zur Gewalt gegen sich selbst.*
- *Vor 40 Jahren reichte Nikotin, heute müssen bei immer mehr Jugendlichen Alkohol und Drogen hinzukommen, um mit gewaltigen Reizen aus dem Alltag auszusteigen.*

Kinder sind geborene Lerner, und so lernen sie nicht nur Laufen, Sprechen, Lesen, Schreiben, Rechnen – und Humor, wie das britische Wissenschaftsmagazin „New Scientist" auf Grund von Studien der Zwillingsforschung berichtet, sondern eben auch die Art des bevorzugten Gewalteinsatzes, wenn sie frustriert sind und sich wehren, behaupten und durchsetzen wollen oder wenn sie ihren Aggressionsstau hinauslassen. Wenn Kinder in einer Familie aufwachsen, in der sie oft geschlagen werden oder mit ansehen müssen, wie ihr Vater ihre Mutter und ihre Geschwister prügelt, wenn sie ganz oft auf dem Bildschirm sehen, wie ihre Helden ihre Probleme mit Waffen und Fäusten angehen, und wenn Zuschlagen und Zerstören in den Jugendgruppen ihrer Nachbarschaft eine große Rolle bei der Austragung von Konflikten spielt, wenn sie schon im Kindergarten viel aggressive Gewalt erleben und ihre Grundschullehrerin der Fäkaliensprache der Mitschüler keinen Einhalt gebietet, dann ist die Chance sehr groß, dass sie per Modell- oder Imitationslernen auch zu Aggressionen neigen, weil sie nicht in der Lage sind, angemessen auf die vielen kleinen Probleme ihres Alltags zuzugehen und aus Konflikten und Krisen gut herauszukommen.

Zuschlagende und zerstörende Gewalt, Verbalgewalt und die Neigung, Minderheiten zu diskriminieren, korrelieren immer mit der Unfähigkeit, aus mehreren denkbaren Verhaltensalternativen die jeweils sinnvollste, angemessenste, kultivierteste und am Ende die am besten problemüberwindende Lösung herauszufinden.

Konfliktfähigkeit bereits beim kleinen Kind aufzubauen, ist eine der wichtigsten Erziehungsaufgaben unserer Gesellschaft voller Meinungs- und Verhaltensvielfalt, weil in ihr Orientierung viel schwieriger ist als in einem totalitären System. Kinder, die in gewaltträchtigen Milieus aufwachsen, bekommen derart viele Aggressionen vorgelebt, dass sie in sie selbst betreffenden Konfliktfällen auch zu aggressiven Auswegen neigen. Wem nicht vorgelebt wurde und wer nicht gelernt hat, wie man angemessen auf ein Problem zugeht und mit einer Krise fertig wird, dem fällt es schwer, sinnvoll mit einem Konflikt umzugehen. Für ihn ist es dann leichter, auf das auszuweichen, was er oft erlebt hat und was dann als Verhaltensweise tief in ihm verwurzelt ist. Deshalb neigen Menschen, die als Kind oft geschlagen wurden, dazu, ihre eigenen Kinder auch wieder zu schlagen, und deshalb fallen Kinder, die zu Hause häufig Opfer von Aggressionen werden, im Kindergarten vielfach als Aggressionstäter auf.

Aber Kinder, die in kultivierten Milieus nie Aggressionen erleben, die nur selten vor dem Bildschirm sitzen und die Gewalt aus ihrer Nachbarschaft nicht kennen, haben oft ebenso wenig gelernt, was man denn angemessenerweise tun kann, wenn man ein Problem hat. Sie haben zwar gelernt, dass man nicht schlägt, nicht einfach etwas zerstört, dass man keine „bösen Worte" benutzt und dass aggressives Verhalten bestraft wird, so dass bei ihnen die Grenze hält und das Gewalttabu greift. Weil sie aber ebenfalls nicht zur Konfliktfähigkeit erzogen wurden – und diese daher nicht leisten können –, neigen sie zum Ausweichen vor der angemessenen Problemlösung, indem sie den Frust gegen sich selbst richten, und das geschieht dann in Form von Rückzug, Krankheit oder Sucht. Es gibt übrigens auch junge Menschen, die sowohl aggressiv als auch süchtig sind, indem sie – wie die Hooligans – sowohl auf gegnerische Fans einschlagen als auch alkoholabhängig sind.

In der gesamten Erwachsenenwelt und bei Gymnasiasten spielt die Gewalt gegen sich selbst eine größere Rolle als die äußerliche Aggression. Dieses Phänomen nannten wir früher Regression. Wir dachten dabei an das stille Mädchen, das sich alles gefallen lässt, das rot wird und zu zittern und stottern anfängt, wenn man es anspricht, oder das sogar ganz in Schweigen verharrt. Menschen, die in ihrem Handeln, Sich-Wehren, Sich-Behaupten und Sich-Durchsetzen nicht einmal so weit gehen, wie sie dürfen, die Beleidigungen wegschlucken, die jede Zumutung in sich hineinfressen, die sich im Falle von Herausforderungen erst recht in ihr Schneckenhaus zurückziehen, nennen wir neurotisch gestört. Sie sind unfähig, sich zu wehren, sie können nie aggressiv sein oder werden es erst nach einer fast unendlichen Kette von Torturen bzw. Quälereien; und dann ist die als Schlusspunkt der demütigenden Leidenszeit eingesetzte Aggression völlig unangemessen, also keineswegs problemlösend, weil es ihnen an eintrainierten

Erfahrungen im Umgang mit passenden, sinnvoll kanalisierten Aggressionen mangelt.

Was wir früher Regression nannten, bezeichneten wir später als Autoaggression, um die Verwandtschaft zur „Aggression" zum Ausdruck zu bringen. Beiden gemein sind der Fruststau und die folgende Unfähigkeit, mit einem sinnvollen Ausweg ein Dilemma zu überwinden, so dass nur noch die Wahl bleibt, den Überdruck nach außen abzuleiten oder gegen den eigenen Körper und die eigene Seele zu lenken. Heute wird die Gewalt gegen sich selbst als „Autodestruktion" umschrieben, also als Selbstzerstörung.

Hauptschüler neigen eher zu Aggressionen als zu Autoaggressionen, aber Gymnasiasten fallen häufiger mit Autodestruktion auf als mit Zuschlagen, Zerstören, Sprachgewalt oder der Diskriminierung von Minderheiten.

Wir unterscheiden folgende Arten von Autoaggression bzw. -destruktion:

- Autodestruktion beginnt oft mit Vermeidungsverhalten. Aus Angst vor Niederlagen wird kurzfristig Leistung verweigert; es werden keine Schulaufgaben gemacht, es wird nicht für Klausuren gelernt, es wird die Schule geschwänzt, so dass man langfristig seine Lage erheblich verschlimmert. Auch Erwachsene neigen dazu, indem sie ihre Steuererklärung nicht erstellen oder Briefe mit Rechnungen gar nicht erst öffnen. Wir nennen das auch die Neigung zum Aussitzen von Problemen.
- Wer sich nie wehrt, sich alles gefallen lässt und jeden Frust in sich hineinfrisst, wird als aggressiv-gehemmt bezeichnet. Er geht nicht gut mit sich selbst um und mag sich auch meist nicht.
- Wer den Frust nicht sinnvoll in eine Problemlösung hineinzukanalisieren vermag, sucht sich oft die sowieso in seinem Körper vorhandene Schwachstelle, die ihm sein Stoffwechsel oder seine Seele bieten: Psychosomatische Störungen wie Kopfschmerzen, Migräne, Bauch- oder Rückenschmerzen, Allergien, Ekzeme, Warzen, Neurodermitis, Nägelkauen, Asthma, Bettnässen, Schlafstörungen oder auch Depressionen mit anschließender Todessehnsucht und Suizidversuchen können die Folge sein, aber auch Nägelkauen, das Sich-selbst-Verletzen mit Messern oder Rasierklingen auf den Unterarmen, den Beinen oder im Gesicht oder gar das Sich-selbst-Verätzen mit Säure. Im weitesten Sinne gehören auch das Piercen von Augenlidern, der Lippen, der Zunge, der Vorhaut oder der Schamlippen und das Tätowieren dazu. „Dissoziatives Verhalten" nennen Therapeuten das Phänomen, mit einem vorübergehend sehr starken Schmerz den permanenten Grundschmerz eines traurigen Lebens durch Überlagerung eine Weile vergessen zu machen. Zur Zeit verletzen sich rund elf Prozent der deutschen Jugendlichen selbst, behauptet der Berufsverband für Kinder- und Jugendpsychiatrie, Psychosomatik und Psychotherapie. 90 Prozent davon sind Mädchen, der geringere Anteil von Jungen wächst aber zur Zeit deutlich an.
- Wer das, was er eigentlich an Zuwendung und Erfolg zur Befriedigung seiner Grundbedürfnisse braucht, nicht bekommt, fügt es sich schließlich selbst zu, und zwar in Form von Essen, Konsum, Besitz oder Sammelwut. Ess- bzw. Fresssucht oder die ausgebaute

Variante der Ess-Brech-Attacken (Bulimie), um nach dem Erbrechen der Nahrung sofort wieder neue aufnehmen zu können, stehen ebenso für diese Art der Gewalt gegen sich selbst wie die übertriebene Sammelleidenschaft, die Arbeitswut (Workaholismus), die Sexsucht und die Spielsucht – wie auch der Waschzwang oder ein obsessiver Ordnungsfimmel (alles muss stets rechtwinklig auf dem Schreibtisch angeordnet sein). Eine übertriebene Reinlichkeitserziehung im Kleinkindalter kann diesbezüglich schon früh die Weichen stellen: Im Unterbewusstsein hat sich tief eingegraben, dass man nur lieb ist und belohnt wird, wenn man die Verhaltens-, Ordnungs- und Sauberkeitserwartungen der Mutter perfekt erfüllt. Und wenn man dann bereits erwachsen und die Mutter längst tot ist, wacht sie mit ihren Normen immer noch im Unterbewusstsein über den weiteren Lebensvollzug.

- Eine besonders tragische Form des autodestruktiven Verhaltens ist die Magersucht (auch Anorexie genannt), die ein Ausdruck von erheblich gestörter Selbsteinschätzung ist. Magersüchtige sind meist Mädchen, neuerdings aber auch zunehmend Jungen. Magersüchtige empfinden sich oft als zu dick, obwohl sie objektiv gesehen zu dünn sind. Magersüchtige Mädchen wollen unbewusst vielfach mit Essensentzug ihre körperliche Reife bremsen, weil sie nicht erwachsen und nicht selbstverantwortlich werden wollen oder weil sie sexuell nicht begehrenswert erscheinen wollen, gelegentlich als Folge eines vorhergehenden sexuellen Missbrauchs; sie wollen mit Nahrungsentzug verhindern, dass sich ihre sekundären Geschlechtsmerkmale ausbilden.

- Statt sich den kommunikativen und interaktiven Herausforderungen ihrer menschlichen Umwelt zu stellen, begeben sich immer mehr Menschen auf den sozialen Rückzug, indem sie weglaufen, ausreißen oder „auf Trebe" gehen; auch die bewusste „Singularisierung" bzw. das „Cocooning" von Singles gehört dazu. Sie leben lieber allein, statt sich eine weitere Lebenswelt mit vielen zusätzlichen Reizüberforderungen in der Partnerschaft, in der Familie oder in der Kommunikation und in der handelnden Wechselwirkung mit anderen zu stellen. Singles sind nicht unbedingt einsam, sie genießen vielfach ihr Alleinsein, weil sie bereits mit dem Stress im Straßenverkehr, am Arbeitsplatz, im Supermarkt, in der Nachbarschaft und in den Medien ausgelastet sind. Wer täglich im Stau steht, am Arbeitsplatz gemobbt wird, unter den vielen Katastrophenmeldungen leidet, die per Bildschirm aus den entferntesten Ecken dieser Erde in Sekundenschnelle bis an das Bett seines Schlafzimmers sowie in seinen Kopf und in sein Herz transportiert werden, und wer ständig unangenehme Botschaften im Briefkasten, auf dem Anrufbeantworter oder in der E-Mail vorfindet, erspart sich eben gern eine weitere stressreiche Lebenswelt, nämlich die der Freundschaft, der Ehe, der Partnerschaft, der Familie oder der Wohngemeinschaft. Er baut einen Kokon um sich, lebt allein in seiner Wohnung und entscheidet ohne Kompromisse, was er lesen, hören, am Computer machen und wann er im Internet chatten will, nur für sich und auf sich gestellt, wenn er die Tür hinter sich zumacht. Oder er läuft einfach mit der Absicht weg, nie wieder heimzukehren, wenn er als Vater sagt: „Ich hole nur mal eben Zigaretten", oder wenn er als Kind einen Zettel schreibt, auf dem steht: „Liebe Eltern, ich gehe weg und komme nie wieder, damit ihr nicht mehr solche Last mit mir habt."

- Ausweichen scheint auf diese Weise leichter zu sein, als aktiv und direkt auf die Probleme zuzugehen.
- Im Sog von Gleichaltrigen lernen bereits Vierjährige – mit Zucker – und Neunjährige – mit Schnüffeln oder Rauchen – vorübergehend aus den vielen kleinen Alltagsproblemen, Übererwartungen und Niederlagen bzw. Versagenserlebnissen mit Rauschzuständen auszusteigen. Das Problem wird betäubt, und wenn das vermeintlich funktioniert, kommt mit elf Jahren der Alkoholgenuss hinzu, um vor dem grauen Alltag oder der trostlosen Nachbarschaft, in der man wohnt, auszuweichen. Später folgen Tabletten und illegale Drogen. Mit Marihuana bzw. Haschisch und LSD beginnt es, endet es aber auch meist. Nur wenige bauen diese Schiene dann noch in Richtung Crystal, Ecstasy, Speed, Crack, Kokain und Heroin oder neuerdings mit der besonders verheerend wirkenden Droge Yaba aus, die dann oft kein Zurück mehr kennt, es sei denn mit zwanghaftem Entzug und dem „Neu-Lernen" des Lebens und des Angehens von Problemen durch eine Therapie. Diese kann in einer Klinik erfolgen oder auf einem monatelang durch den Atlantik schippernden Segelschiff, im Jugenddorf Cund in Rumänien von Klaus Schäfer (von der Makarenko-Schifffahrtsgesellschaft Arnis in Schleswig-Holstein), im Kuttula-Projekt Kari Björkmans in Finnland oder bei Dieter Dubbert im Bismuna-Projekt des Kinder- und Jugendhilfe-Verbundes Kiel in einem nicaraguanischen Indianerdorf.

5. Die Gewaltspirale beginnt im Vorschulalter

- *Kinder, die zu selten in der wirklichen Welt leben, neigen, wenn sie zu oft die virtuelle Welt des Fernsehgerätes oder der Playstation konsumieren, zum Imitieren der Gewalt ihrer Bildschirmhelden.*
- *Störende Kinder neigen zum Schnellsprechen, zu Ein-Wort-Sätzen und zu aggressiver Körpersprache.*
- *Sportlich tüchtige Kinder werden seltener Aggressionsopfer als unsportliche.*

Deutschlands Erzieherinnen klagen, die Drei- und Vierjährigen würden immer aggressiver werden. Brutale Schläge und Quälereien erschweren zunehmend die erzieherische Arbeit in Kindergärten. Auf der Suche nach den Ursachen taucht die altbekannte These auf, dass niemand Täter wird, der nicht zuvor Opfer war: Viele Kinder werden unerwünscht geboren oder stellen sich als störend heraus, und zwar für die Mutter oder den Vater oder für den Freund der Mutter, und sie erleben deshalb viel Ablehnung, Zurückweisung, Vernachlässigung und Gewalt.

Bei Mangel an Liebe, Zeit, Ansprache, Körperkontakt, Zuhören und gemeinsamem Spiel versuchen kleine Kinder zunächst, mit ihren noch dürftigen sprachlichen Mitteln besonders schnell zu reden, um in möglichst kurzer Zeit möglichst viel Aufmerksamkeit und Zuwendung zu gewinnen; darin liegt eine Ursache des Polterns, also des verbalen Sich-Überschlagens, oder des Stotterns.

Da sie damit aber bei stressgeplagten, unzufriedenen und erschöpften Eltern kaum Erfolg haben, weichen sie rasch auf deftige Ein-Wort-Sätze, angereichert mit Floskeln aus der Fäkaliensprache, auf Schreien und Weinen sowie auf Körpersprache aus, zu der dann auch Spucken, Schlagen und Treten gehören. Mit Mimik, Gestik und Kraft erreichen sie etwas mehr, so dass sie sich bald an diese Art der Kommunikation gewöhnen, die sie dann als bewährtes Instrument zur Durchsetzung und zur Behauptung in den Kindergarten oder in die Vorschule mitbringen. Dort treffen sie immer häufiger auf Kinder, die ebenfalls gelernt haben, dass Körpersprache vermeintlich Lebenstüchtigkeit erhöhen kann, so dass sie in der Spielgruppe schließlich zu einem hoch anerkannten und rangordnungsbildenden Interaktionsmittel wird.

Immer mehr Kinder wachsen mit einem Mangel an Geschwistern und Spielgefährten auf; sie „parken" viel zu oft und zu lange als einsame Kinder vor dem Bildschirm, wo ihre Fernsinne Hören und Sehen überfordert werden. Sie leiden unter Bewegungsdefiziten, es fehlen ihnen Erfahrungen mit Klettern, Schaukeln, Rutschen, Hüpfen, Balancieren und dem Umgang mit unterschiedlichen Materialien, so dass sie sinnesgeschwächt und koordinationsgestört sind. Sie vermögen Entfernungen und Geschwindigkeiten nicht richtig einzuschätzen und den Einsatz ihrer Kräfte nicht angemessen zu dosieren. Sie können daher nicht mehr so ohne weiteres – wie früher noch – Rollschuhlaufen oder Fahrradfahren lernen, aber auch nicht einschätzen, wie stark ein Schlag oder ein Tritt wirkt. So verletzen sie andere zunächst immer wieder ungewollt, bis diese sich schließlich ebenso heftig wehren; auf solche Weise entwickeln sich raue Umgangsformen langsam zu alltäglichen Kommunikationsweisen.

Kleine Kinder sehen gern Comic-Filme, in denen naturwissenschaftliche Gesetze weitgehend außer Kraft gesetzt sind: Ständig fallen dort wie bei „Road Runner", den „Ninja-Turtles" oder auch bei „Paulchen Panther" Wesen aus 100 Meter Höhe zwei Meter tief in die Erde hinein, werden platt gewalzt und laufen sogleich danach unversehrt und lustig weiter. Gewalt bleibt in Comic-Serien durchweg ohne Folgen, so dass kleine Kinder mit ihnen ein völlig unstimmiges Weltbild vermittelt bekommen. Es setzt sie außerstande, sich in Opfer hineinzufühlen, geschweige denn ein Schuld- oder Unrechtsbewusstsein aufzubauen.

Der Gewalt sollten von Anfang an mit Deutlichkeit und mit Konsequenz Grenzen gesetzt werden. Sie muss verpönt werden. Vor allem sind ihr aber Alternativen des Sich-Wehrens vorbildhaft entgegenzusetzen, und das funktioniert am besten mit Hilfe von in Liebe eingebetteter, argumentierender Sprache.

Immer mehr Kinder wachsen mit einem Defizit an positiven Haut- bzw. Körperkontakten auf; vor allem Väter halten sich diesbezüglich allzu sehr zurück.

Eltern mit einem harten, kalten, emotionsarmen und stets nur fordernden Führungsstil voller Übererwartungen erziehen insbesondere Jungen zu aggressiven Wesen mit einem Übermaß an brutalen Männlichkeitsidealen. Denn gerade Jungen bis etwa elf Jahren brauchen besonders viel emotionale Zuwendung; sie benötigen für ihr Wohlbefinden und für ihre Orientierung an der Rolle des Mannes ein hohes Maß an liebevoller Väterlichkeit. Väter müssen deshalb zum Kuscheln, zum In-den-Arm-Nehmen, zum Trösten und zum Streicheln ihrer Kinder ermuntert werden.

In vielen Familien sind Materialismus, Besitz und Konsum zu überhöhten Werten geworden. Wer aus Stress, Erschöpfung oder Sorgen heraus kleine Kinder, die auf der Suche nach Geborgenheit, Wärme, Zuspruch und Zeit des Zusammenseins sind, mit Nahrung, Spielzeug oder Geld abspeist, bringt ihnen schon früh bei, dass das eigentlich Gemeinte auch stofflich ersetzt werden kann; er begünstigt damit ein späteres um Ersatzbefriedigung bemühtes Rauschbedürfnis und Suchtverhalten bis hin zur Zucker-, Ess- oder Kaufsucht, zum Alkoholismus und zur Tabletten- sowie Drogenabhängigkeit. Geschenke an Kinder müssen also zunächst Liebe verdeutlichen; sie dürfen jedoch nie anstelle von Liebe gemacht werden.

Leiterinnen von Kindergärten und Vorschulen stellen zur Zeit fest: „Die Kinder sind sehr viel aggressiver als früher und tragen ihre Konflikte immer brutaler aus; und das hat nichts mehr mit den Kloppereien von früher zu tun. Es hat Ausmaße angenommen, die nicht mehr normal sind."

Klaus Hurrelmann von der Universität Bielefeld hat ausgezählt, dass bundesweit bereits fünf Prozent der Drei- bis Sechsjährigen gewalttätig sind; in Ballungsgebieten und Problemstadtteilen liegt die Quote oft sogar schon über 20 Prozent. Deshalb hängen zur Zeit immer mehr Kindergärtnerinnen aus Hilflosigkeit vor der Gewalt ihren Beruf an den Nagel. 63 Prozent der vorhandenen Kindergärtnerinnen und Erzieher erwägen diese „Lösung", weil sie für die neuen Herausforderungen auch noch besonders schlecht bezahlt werden und weil die Kindergartengruppen unzeitgemäß groß sind. Mindestens 40 000 Stellen für Erzieherinnen müssen nach Berechnungen des Deutschen Städtetages zu den 360 000 vorhandenen zusätzlich geschaffen werden, um die „Überlastfrequenz", die zur Zeit herrscht, wenigstens halbwegs abbauen zu können.

Nach einer Studie von Johann Peter Gleich von der Katholischen Fachhochschule Köln liegt eine Begründung für die zunehmende Aggression in Kindergärten in dem umfangreichen Gewaltkonsum der Kleinen per Bildschirm. Bereits Fünfjährige sehen bis zu 70 Morde am Tag und bis zu 2700 Gewaltszenen pro Woche über die „Glotze", die für sie oft Weltersatz ist, so dass sie ohne innere Distanz beim Zugucken die Bildschirmwelt für das wirkliche Leben halten, an dem sie ihr Verhalten ausrichten. Zuguterletzt werden sie dann zu „kleinen Kampfmaschinen", wie eine Erzieherin aus Rheinland-Pfalz die Auswirkungen von Wrestling-Sendungen, von Turtles-, He-Man-, Reality-Show-, Bruce-Willis-, Bud-Spencer-und-Terence-Hill-Konsum beschreibt. Erfahrungen aus der Video-, Fernseh- und Computerspielwelt ersetzen leider allzu oft das eigene Erleben und werden deshalb zum Anlass für Imitationslernen; die Helden der Filme sind vielfach die Modelle für das eigene Handeln in Konfliktsituationen geworden. Über Gewöhnung an solche Interaktionsmuster beginnt sich die Gewaltspirale schon viel zu früh zu drehen; denn auch Opfer von Spucken, Treten, Schlagen und Würgen müssen die von ihnen erlebten rauen Kommunikationsweisen pflegen, um sich auf Dauer wehren, behaupten und in der Rangordnung der Gruppe nach oben arbeiten zu können. Schließlich bringen sie ihr Gewaltpotenzial in die Grundschule mit, und wenn deren Lehrer dann etwas dagegen tun wollen, ist es entweder schon zu spät, oder es muss ein mehrfach größerer Reparaturaufwand betrieben werden, als würden alle Eltern, Kindergärtnerinnen, Erzieher und Vorschulpädagogen mit hoher Präventionskompetenz sämtliche Anzeichen von Gewalt schon im Keime kanalisieren, ersticken und verpönen.

Die Krankengymnastin Susanne Grenacker aus Hannover hat übrigens Folgendes festgestellt: Sportlich tüchtige Kinder werden seltener unterdrückt und seltener Opfer von Gewalt als unsportliche. Stärkt man die unsportlichen Kinder therapeutisch, holen sie allerdings die zu selten gehabten Erlebnisse in der Rolle des Gewalttäters anfangs übertrieben nach. Sie genießen ihre Aggressionen und dass sie in der Lage sind, selbst Schäden bei anderen anzurichten. In dem Maße, wie damit ihr Selbstwertgefühl wächst, normalisiert sich jedoch ihre Gewaltbereitschaft bald wieder nach unten.

6. Jungengewalt

- *Den Vätern und männlichen Pädagogen obliegt die Verantwortung, Jungen liebevoller als bislang zu erziehen.*
- *Im Y-Chromosom der Jungen ist ein höheres Gewaltpotenzial angelegt als in den X-Chromosomen der Mädchen.*
- *Die schwache Brücke zwischen linker und rechter Hirnhälfte bei den Jungen begünstigt, dass sie ihren Frust eher hinauslassen als die Mädchen.*
- *Wenn Jungen mehr Nähe, Emotionalität, Körperkontakt, Kommunikation und soziale sowie kreative Ansprache und Herausforderungen als bislang bekommen, müssen sie nicht mehr so aggressiv sein.*
- *Wenn Mädchen zuschlagen, kopieren sie Jungengewalt.*

Der Deutsche Kinderschutzbund hat festgestellt, dass die Jungengewalt in den vergangenen zehn Jahren um etwa 50 Prozent zugenommen hat, während die Mädchengewalt bei einer deutlich geringeren Ausgangslage um etwa 64 Prozent angewachsen ist.

Nach dem Vorbild von Jungen planten im April 2000 drei siebenjährige Mädchen in Lake Station im amerikanischen Bundesstaat Indiana einen Mord; sie wollten eine Mitschülerin, die sie nicht mochten, aus dem Weg schaffen. Zum Glück wurde dieser Plan genauso vereitelt wie ein ähnlicher einer Schülerin aus Brandenburg.

Bei Mädchen gibt es Aggressionen bzw. die Phänomene „Zuschlagen" und „Zerstören" auch, aber rein statistisch kommt dabei auf neun Jungen nur ein Mädchen. Wenn Mädchen gewalttätig werden, liegt die Störung in der Regel sehr viel tiefer, und sie ist auch sehr viel schwieriger zu therapieren; aber sie kopieren eigentlich nur männliche Verhaltensmuster, zu denen sie von ihrer Anlage her seltener neigen.

Das männliche Aggressionspotenzial ist neben dem Y-Chromosom im Erbgut, das es bei Mädchen nicht gibt, auf ganz andere Hormonkonstellationen zurückzuführen. Es hat aber auch etwas mit einem anderen Hirnaufbau und mit anderen Erziehungsweisen zu tun.

Die schwache Vernetzung zwischen linker und rechter Hirnhemisphäre bei Jungen sorgt dafür, dass sie im Falle von Frust nur schwer mit der Emotionalität, Kreativität, Musisches, Soziales und Kommunikatives steuernden rechten Hirnhälfte ausgleichen können, wenn sie zuvor überwiegend linkshirnig erzogen wurden – wie das die häuslichen Moralpredigten und die schulischen Belehrungsmethoden tun. Solange wir Kinder wie Untertanen behandeln, die funktionierende Rädchen im Getriebe unserer Gesellschaft werden sollen, schulen wir fast ausschließlich ihre linke Hirnhemisphäre mit dem Rationalen, dem Logischen, dem Zahlenverständnis, dem Raumvorstellungsvermögen, dem Wortschatz und der Grammatik.

Mädchen können mit ihrer breiten Brücke zwischen linker und rechter Hirnhälfte im Falle von Frust zur Not in sich selbst einen Ausgleich finden; ihre rechte Hirnhälfte wird immer ein wenig von der linken mitgesteuert. Das war bereits vor tausenden von Jahren sehr wichtig, weil Frauen immer auch Verantwortung für ihre Kinder zu tragen hatten; sie mussten also in extremen Lebenssituationen immer bedacht bleiben, während Männer als entfernt von der Familie jagende und kriegende Wesen eher Einzelkämpfer waren, für die die emotionale, soziale und kommunikative Ausrichtung ihres Hirns weniger bedeutsam war.

Die rechte Hirnhälfte müsste bei Jungen also viel direkter von außen her angesprochen und herausgefordert werden als bei Mädchen, denn:

- Mütter sprechen mit ihren Töchtern mehr als mit ihren Söhnen,
- Töchter erhalten mehr Nähe, Emotionalität, Körperkontakt und soziale Herausforderungen als Söhne,
- Mütter geben mehr Körperkontakt als Väter,
- norddeutsche Kinder bekommen weniger Körperkontakt als süddeutsche,
- deutschen Kindern wird, wenn sie klein sind, weniger Körperkontakt zuteil als skandinavischen sowie Kindern in den Mittelmeerländern,
- kleine Jungen sind zerbrechlicher und krankheitsanfälliger als kleine Mädchen, und sie hinken in ihrer Entwicklung bis etwa zum elften Lebensjahr ungefähr ein halbes Jahr hinter der Entwicklung der Mädchen hinterher,
- kleine Jungen weinen eher, lauter und länger als kleine Mädchen,
- Mädchen und Frauen sprechen angeblich pro Tag im Schnitt fast 11 000 Wörter mehr als Jungen und Männer.

Man könnte daraus schließen, dass ein norddeutscher Junge, der allein mit seinem Vater aufwächst, emotional, sozial und kommunikativ, aber auch kreativ besonders arm dran ist. Zum Glück stimmt das nicht, denn alleinerziehende Väter sind gegenläufig zu dem Vorurteil, dass sie es mit der Erziehung nicht gut bewerkstelligen, besonders um eine ausgleichende Zuwendung bemüht, so dass vor allem ihre Kinder erzieherisch gut gelingen, wie eine Studie des Volkszählungsbüros Washington D.C. zumindest für die USA nachgewiesen hat. Demzufolge gelingen übrigens Kinder von berufstätigen Müttern – ob sie nun alleinerziehend sind oder nicht – am zweitbesten.

Wenn wir es nicht schaffen, die Männer in der Erziehung (Väter, Erzieher, Lehrer, Trainer …) wieder zu mehr Emotionalität, Nähe und Körperkontakt zu bewegen und den Jungen eine stärkere direkte Förderung ihrer rechten Hirnhälfte zu ermöglichen, wie wir es in den 1970er Jahren schon einmal ganz gut hinbekommen haben, dann werden die Jungen auch weiterhin eher auf der Strecke bleiben als die flexibleren Mädchen, dann wird Gewalt weiterhin vor allem männlich und jung bleiben, und zwar sowohl auf der Täter- als auch auf der Opferseite.

Bei Jungen und Männern kommt übrigens, wenn auch in sehr seltenen Fällen, eine Krankheit vor, die „Porphyrie" heißt und die auf eine genetische Besonderheit auf ihrem Y-Chromosom zurückzuführen ist. Mit dieser Krankheit neigen sie weitaus häufiger zu Aggressionen als andere Jungen und Männer. So wird beispielsweise vermutet, dass eventuell die Wutausbrüche des Welfen-Prinzen Ernst August auf solch ein „Prügel-Gen", wie es die Boulevardpresse formulierte, zurückgehen könnten. Intensives Sonnenlicht, Alkohol, Schlafmittel und etliche Medikamente werden als Auslöser für die Aggressionen der Porphyriker beschrieben, deren Stoffwechsel in Stresssituationen viel zu schnell Adrenalin- und

Testosteron-Ausschüttungen bewirkt, mit denen sie dann zu unangemessenen, gewalttätigen Reaktionen neigen.

Während in manchen Dörfern Indiens auch heute noch oft Töchter von ihren Eltern gleich nach der Geburt umgebracht werden, weil sie später so viel an Aussteuer kosten, bevorzugen Japaner Mädchen, weil sie „niedlicher, zuverlässiger, weniger aggressiv und günstiger im Unterhalt sind". Eine Umfrage des Nationalen Instituts für Bevölkerung und Soziale Sicherheit in Tokio hat ergeben, dass drei von vier Elternpaaren sich lieber Töchter als Söhne wünschen. Vor 16 Jahren war das übrigens noch genau umgekehrt.

Die japanische Gesellschaft wird als zunehmend männerfeindlich beschrieben. Die Ursachen werden in der weitaus schwierigeren Erziehung und Handhabung von Jungen und Männern in einer sehr stark um Anpassung und Einordnung bemühten Gesellschafts- und Industriestruktur vermutet, in der der unkomplizierte Mensch mehr gilt als der Querdenker und in der die Pflege der Alten den Töchtern obliegt und nicht etwa einem sozialen Netz mit Kranken- und Rentenkassen sowie Pflegeversicherungen. Der japanische Mann wurde mittlerweile weitgehend zu einem außerhalb der Familie lebenden Gehaltsempfänger degradiert, der so gut wie keine sozialen Bezüge mehr hat, der als bloßer Versorger seiner Familie eigentlich nur Workaholic sein darf, entfremdet von seiner Ehefrau und missachtet von seinen Kindern. Seine Ausbildung kostet die Familie weitaus mehr als die eines Mädchens, nämlich im Schnitt etwa 200 000 Euro, weil er ohne eine steile akademische und berufliche Karriere auch als Familienversorger nicht mehr taugt. Während die Männer also mit ihrer Arbeit verheiratet sind, suchen die Frauen für ihre Töchter den Partner für das Leben. Eine Folge davon ist, dass immer mehr Männer mit Amok oder mit Suizid ausrasten. Japan hat weltweit die höchsten Suizidraten sowohl bei Schülern als auch bei Männern. Während Mädchen in Japan durchweg als hilfsbereit, vertrauensvoll, freundlich und artig beschrieben werden, wird den Jungen unterstellt, dass sie Unordnung machen, laut sind und als sozial desinteressiert oder als aggressiv auffallen. Kein Wunder ist also, dass mittlerweile in so mancher japanischen Klinik „Sex-Selection" betrieben wird, indem dort Eltern ph-angereicherte Gelees zur Einführung in die Vagina angeboten werden – rosa für gewünschte Mädchen und blau für Jungen. Ein Päckchen gibt es ab 100 US-Dollar.

7. Mädchengewalt

- *Zuschlagende Mädchen mögen sich oft selbst nicht.*
- *Aggressive Mädchen sind vielfach selbst Opfer von Schlagen gewesen.*
- *Per Erfolg und Wiederholung gewöhnen sich schlagende Mädchen ans Schlagen.*

Vor Jahren schon machten in Hamburg die „Wilhelmsburger Türken-Girls" Furore. Sie waren zu Beginn als Schutzgemeinschaft gegen eigene Opfererlebnisse entstanden, wurden dann aber auch wie ihr männliches Gegenstück, die „Wilhelmsburger Türken-Boys", aggressiv gewalttätig bis hin zum „Abpressen" anderer Mädchen. Heute gibt es beide Gruppierungen nicht mehr, aber zunehmend wird in den Medien von brutalen Mädchenbanden berichtet, vor allem aus Berlin und Hamburg.

Diese Art der Gewalt hat durchweg etwas mit dem vorausgehenden Erziehungsstil zu tun: Wenn Mädchen in ihrer eigenen Familie viel aggressive Gewalt erleben, kopieren sie auch ein solches Abwehrverhalten, und wenn Jungen erzieherisch erfolgreich gelernt haben, dass man nicht aggressiv sein darf und dass Zuschlagen und Zerstören bestraft werden, und wenn sie in einem „kultivierten" Milieu aufgewachsen sind, in dem Aggressionen nicht vorkommen, sie aber zugleich kaum Verhaltensalternativen einüben konnten, dann richten sie ihren Frust ebenfalls gegen den eigenen Körper, zum Beispiel mit Alkohol, illegalen Drogen oder Suizidversuchen. Darüber hinaus gibt es Jungen und Mädchen, die aggressiv und autoaggressiv zugleich sind, die also – wie einige Hooligans – sowohl zuschlagen als auch zum Alkoholabusus neigen.

Wenn man die zunehmende Mädchengruppengewalt erklären will, muss man darstellen, dass sie sich durchweg über folgende Stufen aufbaut:

- Zunächst sind solche Mädchen selbst vielfach Opfer von Gewalt; sie werden geschlagen, ausgegrenzt, abgewertet, schikaniert und gemobbt.
- Weil sie gleichzeitig keine Strategien zum Sich-Wehren vorgelebt bekommen und eintrainieren können, wachsen sie mit einem Übermaß an Versagenserlebnissen und mit einem erheblichen Mangel an Selbstwerterlebnissen auf. Nach einer endlosen Kette von Niederlagen fühlen sie sich dann als „Loser" und entwickeln ein Restbewusstsein, mit dem sie sich so weit unten wähnen, dass sie glauben, nichts mehr verlieren zu können, gerade auch, weil sie sich selbst nicht mehr mögen – manchmal übrigens auch wegen des von ihnen selbst so eingeschätzten negativen Äußeren bzw. Aussehens.
- Danach imitieren sie dann, was sie in ihrer Familie, in der Nachbarschaft und in den Medien so oft vorgelebt bekamen, nämlich Zuschlagen, Zerstören und Sprachgewalt, das heißt, sie kopieren im Wesentlichen über Modelllernen männliche Verhaltensmuster.
- Mädchen aus zugewanderten Familien mit einer anderen Rollentradition dürfen in der Familie nicht ausleben, was sie aber in der Schule und im Stadtteil durchaus kön-

nen: Sie überbrücken die Kontraste der Kulturkollision mit Aggressionen; sie leben außerhalb ihrer Familie den hilflosen Versuch, sich endlich wie ihre deutschen Freundinnen zu emanzipieren, zumal wenn ihre jüngeren Brüder zu Hause mehr Rechte haben als sie.
- Schließlich gewöhnen sie sich in dem Maße an die aggressive Gewalt, wie sie damit eine Zeitlang vermeintliche Erfolge haben; der Reiz-Reaktions-Mechanismus gerät dabei in immer eingefahrenere Gleise, und der Mangel an Verhaltensalternativen zwingt sie dabei zur permanenten Wiederholung, vor allem im Sog einer Wir-Bewusstsein gebenden, familienersetzenden und Feindbilder aufbauenden Gruppe.

Mädchen werden deutlich seltener aggressionsbedingt straffällig als Jungen, und zwar im Geschlechterverhältnis von 1:9; aber wenn sie es geworden sind, ist ihre therapeutische Prognose sehr viel ungünstiger, als sie es bei Jungen ist. Aber dennoch ist dann das Gleiche erforderlich, was man in solchen Fällen durchweg erfolgreich bei Jungen tut: Man muss die Täter mit dem verpönenden Urteil durch Gleichaltrige konfrontieren, stundenlang und mit gleichzeitiger körperlicher Bedrängung, über Monate hinweg jede Woche wieder; man muss ihnen Verhaltensalternativen per Überzeugung durch Gleichaltrige zur Verfügung stellen und diese über Provokationstest einüben, man muss zugleich durch Entspannungstechniken wie Chi-Gong ein neues, gutes Verhältnis zum eigenen Körper herstellen und ihnen darüber hinaus über schulische, berufliche und soziale Erfolgserlebnisse, also über Gefühle von der Art „ich kann etwas", „man braucht mich", „man mag mich" den Weg in die Zukunft ebnen – so wie es das Anti-Aggressivitäts-Training mit dem „Heißen Stuhl" in Strafanstalten bei erstaunlich vielen jungen Männern schafft.

8. Gewalt durch die Familie

- *Von 1996 bis 2004 ist die Zahl der in Familien schwer misshandelten deutschen Kinder um gut 50 Prozent gestiegen,; und das sind nur die bekannt gewordenen Delikte.*
- *In 35,3 Prozent aller Gewaltfälle des Jahres 2004 sind Täter und Opfer verwandt oder bekannt; bei Tötungsdelikten sind es 40 Prozent;*
- *30 Prozent aller Sexualdelikte finden unter Verwandten statt, weitere 30 Prozent unter Bekannten.*
- *Nur 48 Prozent der deutschen Ehepaare haben überhaupt Kinder.*
- *Auf neun von zehn Kindern färbt familiäre Gewalt ab, eines von zehn Kindern wird jedoch durch sie abgeschreckt.*
- *Kinder, die oft geschlagen werden, fühlen sich schließlich selbst schuldig, und sie neigen dazu, Schläger zu werden.*
- *Wenn Schläger mit ihrer Gewalttätigkeit durch andere zuvor gewalttätige Gleichaltrige konfrontiert werden, können auch sie noch zu Nicht-Schlägern gewandelt werden.*

8. Gewalt durch die Familie

▪ *Ein Mangel an liebevoller Väterlichkeit im Aufwachsen des Jungen begünstigt den Hang zu brutaler Männlichkeit.*

Die Familie und die Nachbarschaft haben sehr viel damit zu tun, ob ein Kind gewalttätig wird oder nicht.

Jedes zweite deutsche Kind bekommt gelegentlich Ohrfeigen von seinen Eltern, jedes dritte hin und wieder eine Tracht Prügel. Brutalität wird meist zu Hause gelernt. Prügelnde Väter haben prügelnde Söhne; das hat Lenore Walker, klinische Psychologin der University of Denver, in einer Langzeitstudie ermittelt. Gewaltopfer behalten chemische Spuren im Gehirn (Vasopressin), mit denen sie selbst zur erhöhten Gewalt neigen. Walker kommt zu dem Ergebnis, dass bei geschlagenen Kindern die Bereitschaft, selbst zu schlagen, um den Faktor 700 bis 1000 ansteigt. Sie kommt zu dem Schluss: „Gewalt ist viel mehr geprägtes als angeborenes Verhalten." Zugleich kritisiert sie damit, dass beispielsweise in Russland, in der Türkei und in England noch viel zu viele Kinder geschlagen werden; so dürfen englische Lehrer zum Beispiel immer noch Jungen mit Schlägen strafen.

Die Hälfte von dem, was die kindliche Persönlichkeit ausmacht, ist durch das Erbgut bestimmt, und von der anderen Hälfte werden etwa 70 Prozent in den ersten drei Lebensjahren weichenstellend geprägt; weitere 20 Prozent ereignen sich ungefähr bis zum zehnten Lebensjahr. In den ersten Lebensjahren können die Eltern also ausgesprochen viel richtig oder auch falsch machen.

Wenn mit Kindern anfangs viel gesprochen und ihnen stets gut zugehört wird, wenn die Eltern das, was sie sich an Werten und Verhaltensweisen vom Kind wünschen, selbst vorleben und wenn sie ihm etwa vom vierten Lebensjahr an helfen, sich angemessen entscheiden, wehren, behaupten und durchsetzen zu können, dann gelingt das Kind gewaltloser, als wenn die Eltern selbst gewalttätig sind, Grenzen immer wieder anders setzen, ihren Sohn oder ihre Tochter vernachlässigen oder auch – im Gegenteil – restlos verplanen.

Der Fernsehapparat allein hat ebenso wenig Schuld an der gewaltreichen Entwicklung eines Kindes wie es Armut hat. Denn gegen alle denkbaren misslichen Einflüsse können die Eltern aktiv gegensteuern, und zwar mit den drei goldenen Aspekten Auswahl, Dosierung und Gesprächsbegleitung. Wenn Kinder nur wenig Gewalt auf dem Bildschirm sehen und diese dann durch die mitschauenden Eltern relativiert und verpönt wird, wenn Sprachgewalt schon im Ansatz unter dem Motto „Wehret den Anfängen!" zurückgewiesen und von den Eltern nie vorgemacht wird, wenn schlimme Ereignisse in der Nachbarschaft schon früh so kommentiert werden, dass das Kind sie begreift, dann wird es wohl auch nicht gewalttätig werden.

Es gibt sogar Kinder, die unter denkbar ungünstigen Bedingungen, also in sogenannten Multiproblemmilieus aufwachsen und dennoch später nie gewalttätig werden. Auf etwa zehn Prozent aller Kinder wirkt nämlich Negatives abschreckend.

Schlagen ist das nahezu Einfallsloseste überhaupt; es gibt meist bessere Alternativen, um sich zu wehren, zu behaupten und durchzusetzen oder seinen Frust zu kanalisieren. Argumentieren ist besser als Zuschlagen, oder, wie Michael Heilemann von der Jugendanstalt Hameln, in der das Anti-Aggressivitäts-Training entwickelt wurde, formuliert: „Totreden ist immer noch besser als Totschlagen." Das vermögen letztlich auch jugendliche Wiederholungsgewalttäter zu verstehen, wenn sich andere jugendliche Mehrfachstraftäter, die das „Coolness-Training" mit „Provokationstests" auf dem „heißen Stuhl" bereits absolviert haben, mit ihnen konfrontativ auseinandersetzen. Jedenfalls sank die Rückfallquote der ehemaligen Schläger der Jugendanstalt Hameln von 78 Prozent auf etwa 25 Prozent.

In Hannover existiert eine Selbsthilfegruppe schlagender Mütter, die ihre Kinder nicht schlagen wollen, denen die Hand aber dennoch immer wieder ausrutscht. Die Erfahrung hat gezeigt, dass sie erst dann ganz das Schlagen unterlassen, wenn sie von anderen schlagenden Müttern mit ihrer schlimmen Neigung konfrontiert werden, wenn sie über das ständige Sprechen über Erziehung beginnen, Erziehung besser zu verstehen, und wenn sie sich ihrer eigenen erzieherischen Vergangenheit als Kind und dem damit verbundenen Leiden voll bewusst geworden sind. Dies funktioniert aber nur, wenn gleichzeitig Verhaltensalternativen zum Schlagen mit ihnen aufgebaut und über Rollenspiele eintrainiert werden.

Bis zum dritten Lebensjahr müssen Kinder autoritär, aber liebevoll geführt werden. Vom vierten bis zum 13. Lebensjahr brauchen sie eine autoritative Erziehung, die sich um Zustimmung des Kindes zu Normen und Werten bemüht. Das Kind muss in dieser wichtigen Phase überzeugt, nicht überredet werden; es muss sich ein eigenes stimmiges Weltbild, nicht das seiner Eltern, aufbauen können, auch wenn es auf dem Weg zu seiner Zustimmung oft einen solchen Widerstand leistet, dass das Bemühen der Eltern um die kindliche Zustimmung gelegentlich wie Ringen anmutet. Und vom 14. Lebensjahr an sind Jugendliche so gebaut, dass sie nur noch ein Stück ihres Weges von den Eltern begleitet und beraten, aber nicht mehr erzogen werden wollen.

Im Jugendalter haben die Eltern nur noch einen indirekten erzieherischen Einfluss, der sich im Wesentlichen auf den Umgang des jungen Menschen mit den Medien, mit den Gleichaltrigen, mit Trainern, Lehrern und Ausbildern sowie auf die Nachbarschaft, die Reiseerlebnisse und die materielle Einflusswelt bezieht.

8. Gewalt durch die Familie

Außergewöhnlich gewalttätige Jugendliche sehen übrigens in der Regel nur wenig fern; sie sind dafür aber wesentlich häufiger mit anderen gewalttätigen Jugendlichen zusammen, von denen ihr Verhalten mehr gesteuert wird als vom Bildschirm mit seinen gewaltreichen Szenen. Bildschirmgewalt greift jedenfalls umso stärker, je geringer die Intelligenz des jungen Menschen ist, und das gilt auch für den Einfluss der Gleichaltrigkeitsszenerie. Vor allem kleine Kinder, Lernbehinderte und Hauptschüler sind daher durch Gewalt sehr ansteckungsgefährdet; ältere Jugendliche und intelligente Gymnasiasten sind es eher weniger.

Da Gewalt vor allem männlich ist, kommt den Vätern eine besondere Verantwortung bei der Erziehung gegen Gewalt zu. Denn wenn die Mutter nie gewalttätig und stattdessen stets fürsorglich ist, der Vater aber ziemlich brutal, dann orientiert sich ihr Sohn auf dem Wege zu seiner eigenen Männlichkeitsrolle mehr an seinem aggressiven Vater als an seiner liebevollen Mutter. Es kann aber auch sein, dass er zu den zehn Prozent der in gewaltreichen Familien aufwachsenden Jungen gehört, die diesen misslichen Zusammenhang aus ihrem Unterbewusstsein in ihr Bewusstsein zu heben vermögen und dann im Stande sind, den Kontrast zur brutalen Männlichkeit des Vaters zu leben, indem sie sich an anderen liebevollen väterlichen Bezugspersonen in ihrem Umfeld oder auch in den Medien orientieren.

In Zukunft muss dieser geringe Anteil von Jungen ausgeweitet werden, indem mit Frühwarnsystemen in Kindergärten, Schulen, Jugendämtern, Sportvereinen und Ferienlagern sowie über kommunale Präventionsräte, zu denen auch Kinderärzte und Polizisten gehören, wesentlich mehr Jungen als bisher die Chance erhalten, sich innerlich von ihrem gewalttätigen Vater zu distanzieren und sich aus Überzeugung an positiven männlichen Bezugspersonen zu orientieren.

Wenn sich der eigene Vater nicht zum Guten hin verändern lässt, dann muss eben im Kind eine kritische Distanz zu seinem Vater aufgebaut werden, dann muss es notfalls sogar gegen seinen Vater gestärkt werden, damit es sich nicht schuldig am Verhalten seines Vaters und an seinem Opferdasein fühlt. Denn wenn Kinder oft geschlagen werden, fühlen sie sich eben durchaus mitschuldig; sie glauben irgendwann, dass sie die Schläge verdient haben; sie erfüllen auf Dauer die negativen Erwartungen ihrer Eltern, so dass sie am Ende tatsächlich dem Bild entsprechen, dass die Eltern von vornherein von ihnen hatten oder ihnen eingeredet haben. Eine „sich selbst erfüllende Prophezeiung" (*self-fulfilling prophecy*) nennt man diesen Teufelskreis aus Außenerwartungen, Zuschreibungsprozessen und Stigmatisierung, der anfangs nicht gewalttätige Kinder schließlich zu Gewalttätern macht.

Mit der jüngsten Jugendgewaltstudie des Kriminologischen Forschungsinstituts Niedersachsen vom Herbst 2005 findet ihr Leiter Christian Pfeiffer erschreckende Zusammenhänge zwischen familiärer Machokultur und Taten, die aus Gründen der Verletzung der „Ehre" begangen werden: Er spricht von „gewaltverherrlichenden Männlichkeitsnormen", die sich in bestimmten Ethnien vom Vater auf den Sohn übertragen. „Ehre", die ja eher etwas Äußerliches im Unterschied zu dem in unserem Grundgesetz verankerten Begriff der Würde ist, spielt bei in Deutschland lebenden türkischen Jungen, bei Spätaussiedlern aus der ehemaligen Sowjetunion und bei männlichen Ex-Jugoslawen eine gewaltfördernde Rolle. „Ein richtiger Kerl lässt sich nichts gefallen", „ein richtiger Mann trägt eine Waffe", „ein richtiger Junge schlägt zurück" sind Standardsätze überführter Schläger gegenüber der Polizei. Machoverhalten fördernde familiäre Erziehungsweisen begünstigen die Kollision mit den deutschen Strafgesetzen:

- Den eben zitierten Aussagen stimmen 25,7 Prozent der türkischen Jungen,
- 20,7 Prozent der Jungen aus Ex-Jugoslawien und
- 11,7 Prozent der Aussiedlerjungen aus der ehemaligen Sowjetunion zu;
- bei den gleichaltrigen deutschen Jungen sind es aber nur 3,9 Prozent.

Es muss allerdings gleichzeitig der Ansatz eines Multiproblemmilieus mit vielen Verliereraspekten gegeben sein, denn ohne Wodka schlagen die Spätaussiedler nicht zu, und ohne Armut, fehlenden Schulabschluss, ohne Arbeits- und Perspektivlosigkeit oder Gewalterfahrungen in der eigenen Familie tun es die anderen auch nicht. Hinzu kommen aber auch brutale Computerspiele: 63 Prozent der zehnjährigen türkischen Jungen haben einen eigenen Fernseher und 58 Prozent von ihnen eine Spielkonsole; nur zehn Prozent der jungen Türken schaffen es auf das Gymnasium, bei den deutschen Jungen hingegen immerhin etwa 40 Prozent.

Jeder zehnte türkische Jugendliche in Deutschland ist ein Mehrfachtäter, was nur für 8,3 Prozent der Ex-Jugoslawen, 5,9 Prozent der Aussiedler und lediglich für 2,9 Prozent der gebürtigen Deutschen gilt. Kein Wunder also, dass in den deutschen Städten, wie z. B. in Elmshorn, immer häufiger massive Konflikte zwischen Jugendgruppen zugewanderter Ethnien auftreten: Türken gegen Kurden, Aussiedler gegen Türken, Kurden gegen Aussiedler, Ex-Jugoslawen gegen Albaner usw. Sie rivalisieren um Machogehabe, was ja mit deutschen Jungen nicht so leicht möglich ist. Trotzdem sind die Opfer von Jugendgruppengewalt in 64 Prozent der Fälle Deutsche, die selbst nur 25 Prozent der Täter stellen, während 30,5 Prozent der Täter Türken sind. Der Fairness halber muss allerdings ergänzt werden, dass es nicht vor allem die ethnische Herkunft oder gar die Religion sind, die junge Zugewanderte zu Tätern machen, sondern dass es die negativen Lebensumstände, die Sprachprobleme und die Kulturkollisionen sind, mit denen sie so schlecht in unserer Gesellschaft Orientierung und Zukunft finden – aber das Machogehabe ihrer Väter, Brüder und Onkel sowie in der Folge ihrer Clique tragen eben auch maßgeblich dazu bei.

9. Gewalt durch die Nachbarschaft

- *Je älter der junge Mensch wird, desto mehr wirkt sich die Nachbarschaft erzieherisch aus.*
- *Mit der Wahl von Wohnort, Kindergarten, Schule und Sportverein haben Eltern einen gewissen Einfluss auf die Art und das Maß der Gewalteinwirkung auf ihr Kind.*
- *Nachbarschaft bedingt den Umgang des Kindes, der einen enormen indirekten erzieherischen Einfluss mit sich bringt.*
- *Eltern, deren Kinder in einer gewaltreichen Nachbarschaft aufwachsen, tun gut daran, ihre Kinder verteidigungsfähig zu machen, weil diese dann eher auf den Gewalteinsatz verzichten und seltener Opfer werden.*

Die Zahl der deutschen Schüler, die in England oder Schottland ein Internat oder eine andere Privatschule besuchen, hat sich in den letzten Jahren versiebenfacht. Dort tragen die Schüler Schuluniformen, die einerseits Vermögensunterschiede der Eltern überdecken, das Wir-Bewusstsein erhöhen und andererseits einen gewissen elitären Touch zum Ausdruck bringen sollen.

Eltern wollen mit Privatschulen den guten Umgang ihres Kindes indirekt erzieherisch mitgestalten, nicht ahnend, dass sie damit eventuell gleichzeitig auch den Drogeneinstieg ihres Sohnes oder ihrer Tochter oder gar den Ausbau einer zu Hause bereits begonnenen Drogenkarriere begünstigen; denn Jugendliche werden vor allem von anderen Jugendlichen beeinflusst, und das meist mehr als von noch so guten Eltern und Lehrern. In Internaten spielen jedenfalls Drogen oft eine größere Rolle als an staatlichen Halbtagsschulen in der häuslichen Nachbarschaft; jedenfalls gilt das besonders für sehr teure „Edelinternate". Eltern beeinflussen mit der Wahl des Wohnortes, mit dem Stadtteil, in dem sie leben, mit dem Kindergarten, für den sie sich entscheiden, und mit der Schule, auf die sie ihr Kind schicken, immer auch die erzieherischen Faktoren, die auf ihr Kind wirken, so wie das auch mit Reisezielen, mit zur Verfügung gestellter Literatur, mit der Ausstattung des Kinderzimmers, mit der Wahl der Sportart und des Sportvereins und mit dem Nachgeben oder Nichtnachgeben in Bezug auf Wünsche des Kindes geschieht, mit denen es subkulturellen Trends zu folgen gedenkt.

Wenn Eltern, die in einer reichen Villengegend wohnen, ihr Kind bei einem altsprachlichen Gymnasium und bei einem Hockeyverein anmelden, müssen sie damit rechnen, dass im Alter von 14 Jahren der Alkoholmissbrauch unter den Gleichaltrigen dieser Nische bei Siegesfeiern und aus Anlass von Partys an

Wochenenden eine wesentlich größere Rolle spielt als zum Beispiel an Hauptschulen und in Fußballvereinen.

Wenn Eltern ihrem Sohn aber erlauben, Mitglied in einem Moto-Cross-Verein zu werden, dann müssen sie wissen, dass dieser Sport für sie immens teuer wird (Kleinbus, Anhänger, Anschaffung und Wartung von zwei Motorrädern, Ersatzteile und Zubehör wie Schuhe, Helm, Schutzbekleidung, Spezialbenzin, weite Reisen durch ganz Deutschland an jedem Wochenende, Fachzeitschriften …), dass ein positives Familienleben damit aber erheblich gefördert wird, weil meist alle Familienmitglieder mitreisen und helfen müssen, weil man rund um die Uhr im Fahrerlager zusammenlebt und mit anderen Familien sehr positive soziale Kontakte herstellt und pflegt und weil Alkohol, Drogen und Rauchen sowie missliche Bildschirmeinflüsse hier fast gar keine Rolle spielen. Es gibt eigentlich nur wenige Sportarten, die das Familienleben derart stärken wie der Moto-Cross-, Trial- und Enduro-Sport. Ganztagsschulen tun das aber auch.

Es gibt Wohngebiete, in denen Gewalt kaum vorkommt, in denen es keine Jugendbanden gibt, in denen ein hohes Maß an nachbarschaftlicher sozialer Vernetzung und Kontrolle existiert, in denen fast alle Kinder ein Gymnasium oder eine Waldorfschule besuchen und Klavier oder Geige sowie Hockey oder Tennis spielen, reiten, Ski laufen oder Ballett tanzen, in denen die Familien zwei- bis dreimal pro Jahr edle Reiseziele wie St. Moritz, Zermatt, die Toskana, Südfrankreich, die Seychellen, Florida oder Lanzarote ansteuern und in denen der Bildschirm nur eine geringe, das Buch aber eine große Rolle spielt, in denen das Kind, wenn es in der 7. Klasse ist, seine Sommerferien in einer britischen Familie zur Aufbesserung der Englischnote verbringt und mit 17 Jahren für ein Jahr als Gastschüler in die USA geht, in denen für die Frühjahrsferien ein Ski-Camp in den Alpen und in den Herbstferien ein Reiterhof ausgewählt wird und in denen Mama schon weit vor der Einschulung ihr Kind täglich quer durch die Region zum Kindergeburtstag, zum Training, zum Musikunterricht und zur fremdsprachlichen Frühförderung chauffiert. Aggressive Gewalt wird in solchen Milieus weitgehend vom Kind ferngehalten, es kommt also für Imitationslernen kaum in Frage, auch weil es sie im benachbarten Waldorf-, Montessori-, Sport- oder Waldkindergarten mit Sinnespfaden gar nicht gibt. Aber wenn ein derartiges Programm zu gut gemeint ist, wenn es mit Übererwartungen, Überforderungen und vielen kleinen täglichen Niederlagen verbunden ist, weil dem Kind – aufgrund durchgehender Verplanung – die ausgleichende Muße fehlt, dann hat es eine erhöhte Prognose, später psychosomatisch krank, neurotisch oder auch drogenabhängig zu werden, es sei denn, es entscheidet sich für die harmloseren Störungen der Arbeitswut, der Sammelleidenschaft oder des Reinlichkeits- und Ordnungswahns.

9. Gewalt durch die Nachbarschaft

Wer hingegen mit seiner Familie in einem Problemstadtteil lebt, in dem Straßenbanden eine große Rolle spielen, in dem schon im Kindergarten Rangeleien, Mobbing, Ausländerfeindlichkeit, gewaltreiche Fäkaliensprache, Graffiti-Sprühen sowie Zuschlagen und Zerstören an der Tagesordnung sind und in dem Haupt- und Gesamtschüler Waffen mit sich führen und oft schlimmste Action- und Horrorfilme sehen, in dem sexuelle Verfrühungen und Verführungen sowie Mutproben wie das Klauen im Supermarkt als Rituale zur Aufnahme in eine Peer-Group üblich sind und in dem Nachbarn immer wieder schlimm ihre Frauen und Kinder misshandeln, dann haben es Eltern erzieherisch außerordentlich schwer, Gewalt zu verpönen und ihr Kind gewaltfrei aufwachsen zu lassen. Der Sog der Nachbarschaft und der Mitschülerschaft ist stets gewaltig, wenn es um Gewalt geht. Wenn Kinder erleben, dass andere Kinder mit Gewalt nach oben kommen, sich damit also Anerkennung und Rangordnungsaufstieg verschaffen können, dann wird Gewalt für sie auch etwas Faszinierendes, dann droht die Gefahr, dass die Verpönung der Gewalt durch ihre Eltern an ihnen abprallt und dann muss die gewaltreiche Nachbarschaft im Bewusstsein des Kindes sortiert werden, dann muss es ständig mit den Gewaltereignissen per Gespräch konfrontiert werden, und seine eigene Gewaltfähigkeit muss sogar erhöht und zugleich in geordnete Bahnen gelenkt werden:

- Eltern, die mit ihren Kindern in gewaltreichen Nachbarschaften leben, müssen mit ihnen ständig über Gewalt sprechen, müssen ihnen friedliche Verhaltensalternativen vorleben und diese eintrainieren, müssen dafür sorgen, dass Gewalt und Verhaltensalternativen zum Thema auf Elternabenden werden, und müssen versuchen, dass Kindergärtnerinnen und Lehrer mit ihnen zusammen aktiv ein Netzwerk gegen Gewalt aufbauen, indem sie beispielsweise einen Präventionsrat gründen. Sie müssen aber auch ihr Kind, wenn es häufiger Opfer von Gewalt wird, stärken, damit es sich nicht an die Opferrolle gewöhnt: „An dir liegt es nicht", „Du kannst nichts dafür" usw.
- Eltern, deren Kinder in gewaltreichen Nachbarschaften leben, tun gut daran, ihrem Kind Judo, Karate, Taekwondo, Aikido oder Kickboxen in einem Verein beibringen zu lassen und ihren Wünschen nach Kauf von Expandern, Hanteln oder anderen Fitness- bzw. Bodybuilding-Geräten zu entsprechen; denn wer sich im Notfall erfolgreich zu wehren vermag, tritt selbstbewusster auf, so dass er als Opfer nicht mehr so ohne weiteres in Frage kommt. Außerdem vermitteln die Trainer ostasiatischer Kampfsporttechniken zugleich immer auch einen moralischen Kodex, der die Aggressionsfähigkeit sinnvoll in Bahnen des Sich-wehren-Könnens in unausweichlichen Situationen kanalisiert. Wer dem Angreifer ohnehin körperlich, technisch und moralisch überlegen ist, verzichtet eher auf den Gewalteinsatz; er favorisiert Verhaltensalternativen wie das Ignorieren, das Argumentieren, das Verächtlichmachen des Angreifers, das Sich-totlaufen-Lassen von Aggressionen, den friedlichen Rückzug und das Hilfe-Holen.

10. Mediengewalt

- *Je weniger das Kind fernsieht, desto höher ist sein Schulabschluss und desto gesünder ist es mit 26 Jahren.*
- *Bildschirme sind wie Bücher, Messer und Rechenschieber nur Hilfsmittel; sie können Segen oder Fluch sein.*
- *Auf den Umgang mit den Medien kommt es mehr an als auf ihre Inhalte.*
- *Fernsehfilme und Computerspiele müssen ausgewählt, zeitlich dosiert und mit Gespräch begleitet werden.*
- *Kinder, die Orientierung, Geborgenheit und Halt bei ihren Eltern finden, sind gegen Bildschirmgewalt weitgehend gefeit.*
- *Wenn Kinder die Kluft zwischen ihrer grauen Alltagswelt und der bunten Traumwelt ihrer Action-Filme nicht überbrücken können, wenn sie zu klein oder schwach begabt sind, sind sie durch Fernsehgewalt gefährdet.*
- *Etwa zehn Jahre nach Einführung des Fernsehens hat sich die Zahl der Mörder in jedem Land der Erde verdoppelt.*

Als Bücher erstmals jedermann zugänglich wurden, dachten viele, nun ginge bald das Abendland unter. In Büchern kann sehr, sehr Schlimmes stehen, und so wurde mit dem Begriff „Schundliteratur" vor ihnen gewarnt.

Aber in Büchern kann auch Wichtiges und Gutes stehen. Für den Fernseher, das Videogerät, den Computer und das Internet gilt das Gleiche. Sie sind nur Geräte, mit denen man Schreckliches, aber auch Nützliches transportieren kann. Die Medien an sich sind nicht das Problem, sondern der Umgang mit ihnen ist es.

Alles, was man Kindern über- oder unterdosiert und völlig ohne Gesprächsbegleitung anbietet, kann zum Problem werden. Deutsche Kinder sehen zur Zeit im Schnitt 84 Minuten täglich fern, was Video und Computer sowie die Spielkonsole und den Gameboy impliziert. Das scheint viel zu sein, und man malt sich 84 Minuten voller Gewalt aus, die auf einen Dreijährigen wirken. Tatsächlich haben Hamburger Vor- und Grundschulpädagogen ausgezählt, dass Fünf- und Sechsjährige im Stadtteil Horn täglich bis zu neun Stunden vor der Glotze sitzen und dass sie von Freitagmittag bis Sonntagabend auf etwa 30 Stunden an Bildschirmkonsum kommen. Auch haben Medienwissenschaftler ermittelt, dass mittlerweile 54 Prozent der deutschen Grundschüler ein eigenes Fernsehgerät in ihrem Kinderzimmer haben, 27 Prozent einen Videorekorder, 34 Prozent einen Computer und zwei Prozent einen Internetanschluss. Diese Tatsache an sich ist überhaupt noch kein Problem und auch sind es nicht die zu erwartenden Zuwächse in den nächsten Jahren. Eher ist schon ein Problem, wenn ein Kind heutzutage völlig fernsehfrei aufwächst. Seine Eltern meinen es damit gut; sie bewirken aber, dass ihr Kind dann Informationsdefizite hat, dass es leicht Außenseiter in

10. Mediengewalt

seiner Mitschüler- und Spielgruppe wird, weil es nicht mitreden kann, dass es sich bei jeder sich bietenden Gelegenheit (wenn es einmal bei einem Freund übernachtet) selbst nachreicht, was es nie durfte, nämlich stundenlang auch mitten in der Nacht schreckliche Porno-, Action- und Horrorfilme zu sehen und dass es mit dem 18. Geburtstag womöglich sofort einer Videothek beitritt!

Ein multimedial ausgestattetes Kinderzimmer hat nicht nur Nachteile; es birgt auf dem Weg des Umbaus von unserer bisherigen Wissensgesellschaft zur künftigen Kommunikations- und Informationsgesellschaft auch Chancen, indem Informatikkompetenzen, andere Hirnvernetzungen (im Sinne der Fähigkeit zum vernetzenden Denken) mit Überblicks- und Transferkompetenzen, Erkundungskompetenzen (wissen, wie man schnell an wichtige Informationen herankommt) und Kompetenzen der Reaktionsschnelligkeit und der Flexibilität sowie eine günstigere Kultur des Fehlermachens aufgebaut werden (Fehler sind nicht strafwürdig, sondern unentbehrliche Umwege auf dem Weg zu erwünschten Zielen).

Zwar wachsen Kinder, die Bildschirmerlebnisse überdosiert erhalten, oft mit einem Mangel an Bewegung, mit einem Mangel an Zuhörenkönnen gegenüber dem bloßen Wort und einem Übermaß an bloß konsumierender Passivität sowie einem Mangel an Handlungskompetenz auf, aber sie können Filme auch vom Bild allein her verstehen, sie können eine Haupthandlung und drei Nebenhandlungen in den Ecken des Bildes, das rasch wechselt und mal farbig, mal schwarz-weiß ist, auch dann noch erfassen, wenn wir Erwachsene davon bereits Kopfschmerzen kriegen, und sie vermögen auch ohne Abitur und Studium in kurzer Zeit einen Computer besser zu beherrschen als ihre Eltern, die Akademiker sind.

Das multimedial vernetzte Kinderzimmer bewirkt andere Hirnvernetzungen beim Kind, als seine Eltern, die so nicht aufgewachsen sind, sie haben. Das hat positive und negative Konsequenzen. Positiv sind die hohe Informationskompetenz (zu der auch das Wissen über viel Unwichtiges und Schädliches gehört), der lockere Umgang mit Irrtümern, die Tatsache, dass Kinder heute über den Bildschirm wesentlich mehr lernen, als sie in früheren Zeiten gelernt haben, und dass sie durch ihn etwa 20-mal so viel lernen (wenn auch ungeordnet) wie in der Schule (die immerhin systematisch und bewertend vorgeht). Negativ ist, dass Fernsehkids oft dem Wort allein nicht mehr folgen können, sie sind also zuhörbehindert, und dass stehende schwarz-weiße Bilder, von denen ein zu schwacher Reiz ausgeht, der ihre „versauten" Wahrnehmungsschwellen nicht mehr überwindet, von ihnen nicht mehr beachtet werden.

Da der Bildschirm nur ein Gerät wie der Taschenrechner oder eine Schere ist, muss er aktiv erzieherisch begleitet werden. Der totale Verzicht auf ihn stellt eine Unterversorgung des Kindes dar, denn Fernsehgeräte und Computer gehören heute in unsere Welt wie Telefone, Glühbirnen und Kraftfahrzeuge. Kleine Kinder aber stundenlang unkontrolliert vor dem Bildschirm zu parken, stellt eine Überdosierung dar:

- Kinder bis zu drei Jahren sollten nie vor dem Bildschirm sitzen, weil er ihren Augen und – solange Bildschirme noch strahlen – ihren Brustdrüsen nicht gut tut.
- Vier- und Fünfjährige sollten bis zu 20 Minuten täglich vor dem Bildschirm sitzen dürfen, um die „Sesamstraße", „Löwenzahn", die „Sendung mit der Maus" oder die „Teletubbies" sehen zu können.
- Sechs- bis Achtjährige können bis zu einer halben Stunde sowohl zu Hause als auch in der Schule vor dem Fernseher und dem Computer hocken.
- Vom neunten Lebensjahr an darf es bis zu einer Stunde pro Tag sowohl in der Schule als auch zu Hause sein
- und ab dem 15. Lebensjahr bis zu zwei Stunden täglich sowohl zu Hause als auch vor Computer samt Internet in der Schule.

Als Faustregel gilt: Jeder junge Mensch muss sich täglich zumindest so viel bewegen, wie er vor dem Bildschirm sitzt. Wer zwei Stunden am Computer arbeitet und spielt und danach zwei Stunden Kick- oder Skateboard fährt, hat wahrscheinlich wieder eine ausgeglichene Bilanz in Bezug auf seine körperlichen Bedürfnisse.

Bei Vier- und Fünfjährigen sollten Eltern und Erzieherinnen immer dabei sein, wenn sie fernsehen oder am Computer etwas spielen. Bei Sechs- bis Achtjährigen müssen Eltern stets kontrollieren, was die Kinder sehen und spielen. Und vom neunten Lebensjahr an sollten sie wissen, was die Kinder sehen und spielen, jedenfalls bis etwa zum 13. Lebensjahr. Danach wollen Jugendliche nicht mehr kontrolliert werden; sie vermögen dann ohnehin so zu sehen und zu spielen, dass die Eltern es nicht mehr mitbekommen.

Grundsätzlich gilt: Alles, was Kinder bis zum 13. Lebensjahr sehen und spielen, muss ausgewählt, zeitlich dosiert und mit Gespräch begleitet werden, und dann ist es eher nützlich als schädlich.

Kinder, die „gut" erzogen worden sind, sind nicht so stark durch Gewalt in den Medien gefährdet. Mediengewalt gefährdet Kinder nur dann, wenn sie noch zu jung sind, wenn sie von sehr geringer Intelligenz sind, wenn sie überdosiert viel davon konsumieren und wenn sie nicht durch Gespräche in eine kritische Distanz zum Gesehenen und den damit verbundenen Ängsten und Verführungen gebracht werden.

Reife und sehr intelligente Kinder orientieren sich mehr als unreife und gering begabte an der Erwachsenenwelt, also auch an den Normen und Werten ihrer Eltern. Sie sind durch eine ordentliche Erziehung geimpft gegen missliche Bildschirmgewalt, und sie wissen zugleich, dass das, was sie gerade sehen – und sei es noch so schrecklich –, nur ein Film oder nur ein Spiel, nicht aber die Realität ist.

Kleine und schwach begabte Kinder glauben aber oft, dass das Gesehene und Gespielte die Wirklichkeit ist, und dann vermögen sie zur Nachahmung verleitet zu werden.

Kinder, die sich nicht an ihren Eltern orientieren können, weil diese zu schwach, zu streng, zu inkonsequent oder selbst zu gewalttätig sind, suchen stattdessen mehr Orientierung bei Gleichaltrigen, als es Kinder tun, die mit großer Liebe und großem Vertrauen an die Geborgenheit und Weltbild gebende Sicherheit ihres elterlichen Bollwerkes gebunden sind. Wer zu wenig Halt bei seinen Eltern findet, ist also stark durch Fernsehgewalt und durch Gewalttrends seiner Freunde und Kumpels im Sinne von Modelllernen gefährdet.

Wer zu viel fernsieht, erlebt nur wenig Korrektur seines Weltbildes durch das wirkliche Leben. Und wer in einem tristen und langweiligen Kaff aufwächst, in dem sich nichts Besonderes ereignet, außer dass alle zwei Wochen irgendwo in einem Nachbarort eine Disco angeboten wird, der spürt, wenn er zugleich täglich stundenlang Action-reiche, farbige Filme mit rasanter Szenenfolge aus Luxusmilieus in Kalifornien konsumiert, dass sein Weltbild in zwei Teile auseinanderfällt, nämlich in den trostlosen seiner grauen, ärmlichen Alltagswelt vor Ort und in den einer illusionären fernen Traumwelt. Wenn er dann die gewaltige Überbrückungsleistung zwischen diesen beiden Weltbildteilen nicht hinbekommt, dann kann es sein, dass er an dieser Schizophrenie auseinanderbricht und mit Aggressionen zu überwinden sucht, was ihm unter anderem wegen einer fehlenden schulischen Medienerziehung an Überbrückung nicht mehr möglich ist. Bei den jugendlichen Tätern aus einem kleinen Dorf im Kreis Herzogtum Lauenburg war das so, so dass sie ihr Ventil in Form der schrecklichen Tat fanden, mit der sie ein von Türken bewohntes Haus in Mölln anzündeten und mehreren Bewohnern den Tod brachten.

Eine Langzeitstudie der Universität Otago in Neuseeland hat ergeben, dass nur sieben Prozent aller Kinder weniger als eine Stunde täglich vor dem Bildschirm sitzen; genau diese jungen Menschen waren mit 26 Jahren die gesündesten sowie die mit den besten Schulabschlüssen und mit den hoffnungsvollsten beruflichen Karrieren. Das Risiko, krank zu werden und beruflich erfolglos zu sein, steigt aber erst bei einem Fernsehkonsum von mehr als zwei Stunden täglich deutlich an. Übergewicht und Nikotinabhängigkeit nehmen mit der Zunahme von Fernsehzeiten in gleicher Weise zu. Man könnte also sagen: Viel Fernsehen macht dumm und krank. Vielleicht haben ja deshalb diejenigen Waldorfschulen recht, die auch heute noch den fernsehlosen Haushalt empfehlen.

11. Gewaltreiche Gleichaltrigkeit

- *Selbstbewusste und gut argumentierende Kinder geraten selten in den Sog von Gewalt.*
- *Mit den Wölfen heult man anders als allein: Für viele junge Menschen ist die Geborgenheit gebende Einbettung in eine gewalttätige Jugendgruppe wichtiger als das Eingeständnis, dass sie eigentlich Gewalt ablehnen.*
- *Zum Glück bauen manche Jugendliche schon dann ihre Aggressionen ab, wenn sie Gewalt sehen: Gewalt kann anstecken oder auch im Sinne eines „Blitzableiters" läutern.*
- *Wenn Jugendliche mit der Liebenswürdigkeit ihrer Feinde und Opfer konfrontiert werden, schwindet meist ihr Hass.*
- *Kleine Kinder in multikulturellen Spielgruppen sind nicht fremdenfeindlich; sie werden erst durch Erwachsene fremdenfeindlich.*

Mit den Gewalteinflüssen durch Gleichaltrige ist es wie mit der Bildschirmgewalt: Erzieherisch gestärkte Kinder sind weniger anfällig als erzieherisch vernachlässigte. Wir sprechen diesbezüglich von der Katharsis-Hypothese, was heißen soll: Man kann durch Gewalterlebnisse auch geläutert werden. Man sieht dann, wie man es auf keinen Fall machen darf, und wird abgeschreckt, weil man in der eigenen Familie genügend positive Verhaltensalternativen gewonnen hat. Man kann auf diese Weise sogar über das bloße Anschauen von Gewalt Aggressionen abbauen, etwa unter dem Motto: „Ich hatte zwar einen schlechten Tag, aber den Tätern und Opfern von Gewalt geht es ja noch weitaus schlechter als mir; ein Glück, dass mir so etwas erspart geblieben ist und hoffentlich auch erspart bleibt." Mit einer derartigen Einstellung schreckt Gewalt eher ab, als dass sie abfärbend wirkt.

An sich sind Kinder – und vor allem Jugendliche – jedoch gefährdet, stärker von Gleichaltrigen als von Erwachsenen beeinflusst zu werden. Sie werden rasch Opfer von Trends ihrer Freunde, sie gucken sich leicht Verhaltensweisen von ihren Altersgenossen ab und geraten dann in den Sog von modischen Strömungen, von aktuell vorherrschendem Musikgeschmack, von misslicher Verbalgewalt, von Ausländerfeindlichkeit, von Drogenmissbrauch und von zuschlagender sowie zerstörender Gewalt.

Gewalt steckt an, sie ist verführerisch, zumal wenn sie als Mittel von Anerkennung, Rangordnungsaufstieg, Freizeitbeschäftigung und als Mutprobe im Sinne von Aufnahmeritualen in Geborgenheit und Sinnerfüllung bietenden Jugendkultnischen ein hohes Ansehen genießt und wenn sie mit dem jugendspezifischen Reiz des Prickelnden, das Verbotene zu tun, bzw. mit einer Art von Abenteuerlust, die die Gewalt zum Faszinosum mit erotisierendem Aspekt missraten lassen kann, verknüpft ist.

Ein einzelner Jugendlicher muss schon entweder sehr ängstlich oder sehr stark sein, um in einer Gruppe einen herumgereichten Joint als Einziger an sich vorbeigehen zu lassen, und er muss schon sehr innengelenkt und selbstbewusst sein, wenn er nicht das „Nigger-Jagen", das „Schwule-Klatschen" und das Fans-Verprügeln seiner versammelten Kumpels mitmachen will, denn „mit den Wölfen heult man anders als allein".

Eine Studie der Universität Potsdam über Skinheads, Neonazis und Hooligans in Brandenburg hat ergeben, dass die meisten jugendlichen Straftäter der rechtsradikalen Szene für sich allein ablehnen, was sie im Gruppenzwang und -rausch dennoch mitmachen. Sie sind zwar gegen Gewalt, ihnen ist jedoch ihre familienersetzende Nische dank Geborgenheit, Solidarität und Freizeitsinn wichtiger, als dass sie Zuschlagen, Zerstören und andere gewaltreiche Aktionen gegen die Feindbilder ihrer Wir-Gruppe ablehnen würden. Und wenn sie dann als Mitläufer sehr lange mitgemacht haben, gewöhnen sie sich sogar an die Gewalt, beginnen sie zu bagatellisieren und schließlich auch zu rechtfertigen. Sie können mit ihrem Älterwerden von anfänglich verführten Mitläufern letztendlich auch zu überzeugten Ideologieträgern werden, also zur neuen Vorhut der nächsten Mitläufergeneration. Aber Gewalt ist selbst dann noch überbrückbar, und zwar am effektivsten, wenn sie von anderen ehemaligen, aber gleichaltrigen Tätern verpönt wird. Wenn jugendliche Mehrfachgewalttäter mit den Folgen ihrer Taten durch andere Ex-Täter massiv konfrontiert werden, wenn sie hören, dass sie die Taten aus Feigheit und aus innerer Schwäche heraus begangen haben, weil sie mit äußerer Härte ihre innere Weichheit zu verbergen vermochten, dann beginnt eventuell auch ihre Läuterung, weil sie an ihrer Ehre gepackt werden; dann werden sie bereit, Verhaltensalternativen zu lernen.

In Kiel und Rostock haben türkische Jugendliche vormals ausländerfeindliche jugendliche Straftäter aus der rechtsradikalen Szene zu einer gemeinsamen Reise in die Türkei eingeladen. Dort haben sie nicht nur ein wunderschönes Land erlebt, sondern sind auch mit äußerst liebenswerten Dorfbewohnern und herzlicher Gastfreundschaft konfrontiert worden, so dass 90 Prozent der zuvor fremdenfeindlichen deutschen Mitreisenden nach Abschluss der Reise von ihrer Ausländerfeindlichkeit vollends kuriert waren, ja sogar zu Türken-Freunden wurden, während leider etwa zehn Prozent der mitgereisten Deutschen in ihren Vorurteilen bestärkt wurden. Für diese Gruppe war die Reise offenbar zu kurz, dieser harte Kern hätte wohl drei Jahre in Anatolien leben müssen, um den dort wohnenden Menschen schließlich auch Positives abgewinnen zu können, oder die Konfrontation hätte wesentlich massiver ausfallen müssen, also beispielsweise dadurch, dass ihnen in einer völlig ausweglosen Lage ein Türke ihr Leben rettet oder dass sie sich in Istanbul in ein türkisches Mädchen verlieben. Wer die vormaligen Opfer nämlich ausreichend kennenlernt, verlernt es, sie zu hassen.

Wir nennen diese Methode Täter-Opfer-Ausgleich. Kleine Kinder, die in multikulturellen Spielgruppen und Klassen aufwachsen, werden daher eigentlich nie ausländerfeindlich, es sei denn, man vernachlässigt die Lehre von den sinnvollen Größen, nach der der Anteil der Ausländerkinder in deutschen Kindergartengruppen und Schulklassen ein Drittel nicht übersteigen sollte, weil Überdosierung zum Umkippen der Stimmung führen kann. Bei multikulturell zusammengesetzten Klassen internationaler Schulen (z. B. mit 26 Schülern aus 13 Nationen) muss man darauf jedoch nicht achten, weil sie eben von Anfang an nicht als deutsche Schulklassen gemeint sind und weil keine Untergruppe aufgrund ihrer geringen Größe dominieren kann.

In Israel gibt es eine Schule, in der jüdische und palästinensische Kinder gemeinsam in jeder Klasse sitzen, die immer zwei Lehrer hat, nämlich einen jüdischen und einen palästinensischen. Die Folge ist, dass Hass oder auch fremdenfeindliche Aversionen nicht feststellbar sind. Ein dauerhafter Friede im Nahen Osten wird wahrscheinlich nur dann möglich sein, wenn man mit einer ganz anderen Erziehung auf beiden Seiten von unten her beginnt. Die Sonne geht eben immer von unten auf, nie von oben. Gesellschaftliche Integration und damit Friedenserziehung kann nur über Schulen gelingen, oder sie misslingt mit ihnen!

Darüber hinaus ist vielleicht auch hilfreich, dass unsere gesellschaftlichen Kräfte mittlerweile Farbe bekennen, indem über Vieles nachgedacht wird bzw. teilweise bereits entschieden worden ist: über Werbeverbote für Zigaretten und Alkoholika, über ein Waffen- bzw. Messerverbot auf dem Hamburger Kiez um die Reeperbahn herum, über „Supermarkt-Cops" gegen den Alkoholkauf durch Kinder und Jugendliche, über Polizeipräsenz an Schulen und über eine Verpflichtung zugewanderter Kinder, auf deutschen Schulhöfen bzw. in den Pausen Deutsch zu sprechen, sowie über Schuluniformen gegen Klamottenkonsum. Aber bloße Verordnungen mit Strafandrohungen allein helfen noch nicht, wenn nicht zugleich Überzeugungen und Zustimmungen in den jungen Menschen aufgebaut werden.

12. Gewalt als Folge gesellschaftlichen Wandels

- *„Pubertät ist, wenn die Eltern schwierig werden", heißt ein schöner Buchtitel von Marianne Arlt. Aber Pubertätsprobleme haben weniger mit gesellschaftlichem Wandel als vielmehr mit einer hormonal bedingten Umstellung im Hirn zu tun.*
- *Alte Leute sind oft durch frühere totalitäre oder hochautoritäre Gesellschafts- und Erziehungssysteme schwer traumatisierte Menschen, die ein gestörtes Verhältnis zur Macht haben.*
- *Erst Politiker, die in unserer Demokratie groß geworden sind, vermögen autoritativ statt autoritär mit Macht umzugehen. In dem Maße, wie sie transparent und um Zustimmung*

12. Gewalt als Folge gesellschaftlichen Wandels

bemüht zu überzeugen vermögen, können sie Vertrauen in die Politik bei jungen Menschen zurückgewinnen und Gewaltmissbrauch durch verantwortliche staatliche Gewalt ersetzen.

Wenn Jugendliche maulig, trotzig, zickig, verschlossen oder auf andere Art anstrengend werden, hat es damit zu tun, dass sich ihr Hirn durch Hormoneinflüsse umstellt. Nach Untersuchungen des University College in London wird durch diesen Hirnumbau vorübergehend das Zentrum ihrer sozialen Intelligenz in der rechten Hirnhälfte lahmgelegt, so dass sie Gefühle anderer Menschen nicht mehr gut wahrnehmen können. Manchmal wirken solche Jugendlichen dann in Bezug auf Gefühle autistisch, als würden sie sich im Sinne einer Metamorphose verpuppen und kurz vor dem Erwachsenwerden noch einmal abschotten, zumal von ihren Eltern. Mit 16 oder 17 Jahren kehrt dann allerdings das Einfühlungsvermögen wieder zurück. Mit gesellschaftlichen Einflüssen hat das jedenfalls wenig zu tun.

Vor zehn Jahren sprachen wir von der Politikverdrossenheit, insbesondere bei jungen Menschen unserer Gesellschaft. Bald begeht eben diese Gesellschaft den 60. Geburtstag ihres Grundgesetzes, in dem es ja um Demokratie, um so etwas wie Meinungs- und Wertevielfalt, aber auch um Rechtssicherheit und Pressefreiheit geht. Und jetzt stehen die Politiker, die die Demokratie und die Rechtssicherheit mit aufgebaut haben, affärenbeladen und gläsern da, nicht alle, aber viele, zu Recht oder zu Unrecht. Kiep, Kohl und – jugendsprachlich formuliert – „ihre Gang" zwischen Weyrauch und Schreiber sowie Glogowski, Kanther, Schleusser, Koch, Schäuble und Rau symbolisieren wie ehemals Strauß, Barzel, Lambsdorff, Späth, Süssmuth und Möllemann mit ihren Namen kleine und große medienkontrollierte Unverträglichkeiten mit unserer Gesetzeslage, wenn es um Schwarze Kassen, Auslandskonten, Freiflüge, Ausrichtung von Festen und Feiern oder auch um die Vermarktung von Einkaufswagen geht.

Zwar sind Manager, Politiker und die Parteien bemüht, Skandale so zu vergleichen, dass aus ihrer Sicht die „Verhältnismäßigkeit" zwischen groß und klein, zwischen kriminell und „nicht strafbewehrt", zwischen „sich persönlich bereichern" und „der Partei dienen", zwischen „historisch verdienstvoll" und „Fehlermachen" sowie zwischen Millionen- und Tausenderbeträgen sichtbar wird; aber für den kleinen Mann auf der Straße und vor allem für die jungen Menschen sieht das, was „die da oben" tun, völlig anders aus:

- Für den viel zitierten Taxifahrer, der prominente Talkgäste zum Studio fährt und der viele Stunden fahren muss, um 50 Euro zu verdienen, sind 100 000 Euro ebenso unerreichbar viel wie 10 Millionen Euro. Deshalb neigt er wie auch die Mehrheit der jungen Menschen nicht dazu, zwischen den Machenschaften der verschiedenen Parteien und Konzerne wertend zu differenzieren.

- Besonders deutlich reagieren Jugendliche auf Manager- und Politikeraffären. Ihre viel beklagte Politikverdrossenheit ist geradezu in eine totale Politikablehnung umgeschlagen; sie wollen von der ganzen Thematik nichts mehr wissen, und sie sind in schulischen Unterrichtsgesprächen eigentlich nur noch zu kurzen groben Verurteilungen bereit, aber keineswegs mehr zu differenzierenden Aufarbeitungen, wie ihre Lehrer beklagen. „Spende" ist für einige von ihnen fast zu einem Wort mit negativem Beigeschmack geworden, die „rückhaltlose Aufklärung" der Medien zappen sie weg, um lieber konkrete Sorgen anderer bei „Big Brother" oder in „Schmuddel-Talkshows" zu konsumieren; und „Vorbilder" suchen sie nicht mehr wie noch vor 40 Jahren in der Politik, sondern nur noch in ihrem oft misslichen Nahraum und ganz selten in der Musik- und Sportszenerie oder bei „anfassbaren" TV-Stars zwischen Harald Schmidt und Stefan Raab.
- Eltern, Lehrer, Sozialpädagogen und bemühte erwachsene Verwandte, die mit 14- bis 20-Jährigen die Politikeraffären konstruktiv aufzuarbeiten versuchen, stellen fest, dass die jungen Menschen gar nicht so lange aufmerksam zuhören und sich konzentrieren wollen, wie es erforderlich ist, um das nebulöse Gemisch aus Korruption, fingierten Vermächtnissen, Einfluss und Macht, Proporz und Solidarität, Lügen und Ehrenworten, Männerfreundschaften, Seilschaften, Küchenkabinetten, Waffenhändlern, Konzernmanagern und Finanzjongleuren zu durchschauen und stimmig in ihr Weltbild einzubauen.
- Jugendliche fragen, wenn sie spüren, dass krisengeschüttelte Politiker an ihren Ämtern kleben und ihre Probleme aussitzen wollen, ob es denn keine unbelasteten besseren Menschen gebe, die die Aufgaben übernehmen könnten.
- Bereits Elfjährige, die beiläufig einige Fernsehkommentare zu Parteispendenaffären aufgeschnappt haben, entwaffnen pfiffig ihre Eltern, nachdem sie ein paar Euro vom Einkaufsgeld unterschlagen haben, mit dem Argument: „Ich mache das doch nur wie Helmut Kohl", so wie Jugendliche zur Zeit stärker dazu neigen, ihre schlimmen Taten nur scheibchenweise in dem Umfang zuzugeben, wie er ohnehin nicht mehr zu verheimlichen ist: „Ich mache das eben wie Wolfgang Schäuble", rechtfertigen sie sich dann vor ihren verdutzten Eltern oder Erziehern.
- Junge Menschen sind, wie aktuelle Umfragen zeigen, kaum noch bereit, sich in politischen Parteien zu engagieren.

Aber so schlimm die Affären und ihre Auswirkungen auch erscheinen mögen, sie haben dennoch eine positive Seite, die jungen Menschen relativ einfach zu vermitteln ist und die aufzunehmen sie auch bereit sind, wie Lehrer berichten:

Bei vielen der in die dubiosen Geschäfte verwickelten Menschen handelt es sich um im Krieg oder in der Nachkriegszeit erzogene und traumatisierte Männer, die einerseits die demokratische Entwicklung unserer Gesellschaft befördert haben und andererseits gewaltige Demokratiedefizite in ihrem Weltbild, in ihren Einstellungen und in ihrem Handeln seit ihrer Kindheit mit sich tragen. Sie gebärden sich als Patrone oder Patriarchen, sie haben sich an Macht und Machtmissbrauch

12. Gewalt als Folge gesellschaftlichen Wandels   57

gewöhnt, sie haben aber nicht verhindern können, dass sie dennoch von der von ihnen beförderten Demokratie und ihren Organen, zu denen ja auch die Presse gehört, eingeholt und überholt wurden. Das gilt selbst für George W. Bush und seinen Irak-Krieg bzw. für seinen Vize Cheney, der stets mit Erdölgeschäften in Verbindung gebracht wird.

Junge Menschen, die das durchschauen oder auch nur ahnen, erstaunt dabei der Mangel an Unrechtsbewusstsein sowie der Überschuss an Rechtfertigungsstrategien und Verdrängungs- und Vergessenskünsten. Aber in dem Maße, wie alte durch junge und somit passender zu unserem Grundgesetz erzogene Politiker ausgetauscht werden und wie die nicht nach Zustimmung fragenden autoritären Erziehungsweisen, die immer ein großes Beharrungsvermögen über viele Generationen hinweg haben, zunehmend durch autoritative Führungsstile, die stets um Begründung und Zustimmung bemüht sind, ersetzt werden, werden wohl auch Politiker besser und vor allem lauterer werden. Vielleicht vermögen Politiker dann wieder als Vorbilder für unsere Jugend zu taugen, obwohl sie ebenfalls – oder auch weil sie – nur fragwürdige Menschen sein werden.

Mittel- und Südamerika, aber auch manche Regionen in Kalifornien leiden zur Zeit unter der Ausbreitung von Jugendbanden, die als Gegenreaktion auf gesellschaftliches Versagen der Oberschicht zu verstehen ist. Schon lange sind die in Los Angeles rivalisierenden Stadtteilbanden der „Crips" und der „Bloods" ein Phänomen. Die Crips sind blau gekleidet, die Bloods rot, das erleichtert die schnelle Identifikation im Sinne von Wir- und Die-Bewusstsein, also die Erkennung von Gleichgesinnten und von „Feinden", so wie wir das im Ansatz vom Hooliganismus kennen. Dem Phänomen der Jugendbandengewalt geht stets eine Mischung aus erlebter Gewalt, Ausgrenzung, Armut, Versagen der Familien-, Jugend- und Schulpolitik, Analphabetismus, Joblosigkeit der Eltern und Korruption der Machthabenden voraus . So sind die „Maras" zum Schrecken der mittel- und südamerikanischen Länder geworden. Allein in Honduras gehören zur Gruppe „Mara 18" („M 18") mehr als 20 000 junge Menschen zwischen zehn und 20 Jahren, von denen viele als Straßenkinder begonnen haben.

Charakteristisch für die Bandenmitglieder ist die Tätowierung auf dem ganzen Körper mit Angaben über die Zugehörigkeit zu ihrer Gruppierung. An der rechten Hand zwischen Zeigefinger und Daumen geben bestimmte Zeichen über die Art der abgeleisteten Verbrechen Aufschluss. „Wir sind für unser Leben gebrandmarkt, aber wir leben ja auch nicht lange", sagt der Mara-Anführer „El Mal" (Der Böse). Zwei Drittel der Jugendlichen, die die Maras verlassen, kommen kurze Zeit danach ums Leben. In Mittelamerika begann die Mara-Seuche, in den USA und in Südamerika beginnt sie gerade. Fachleute fürchten aber, dass in einigen Ländern der Nährboden schon bereitet ist, in Peru und Ecuador gibt es schon erste

Mara-Gruppierungen. Wenn in Argentinien die von der Politik- und Wirtschaftskrise verschärfte Armut und Marginalisierung großer Teile der Bevölkerung nicht beseitigt oder stark verringert wird, kann es sehr schnell gehen, bis auch am Río de la Plata die ersten Maras auftauchen. Vorformen und Varianten existieren schon. Nach Meinung der meisten Fachleute ist es von der in Argentinien noch vergleichsweise harmlosen Form der Jugendkriminalität zu den gut organisierten Maras mit ihrer unbegrenzten Bereitschaft zur Gewalt nur noch ein sehr kleiner Schritt.

Jugendkriminalität ist also so etwas wie ein den Regierenden vorgehaltener Spiegel, ein Indiz für das Versagen der Politik, und zwar weltweit, sei es nun in Form der Aufstände in den Pariser Vororten oder auch von Skinhead-Aktionen in deutschen Problemgebieten.

13. Gewalt durch das System Schule

- *Die Zufälligkeit des Vorhandenseins „günstiger" oder „ungünstiger" Lehrerpersönlichkeiten lässt Förderungsprozesse oder Versagenserlebnisse zu schicksalhaften Weichenstellungen geraten.*
- *So wie Schule heute noch ist, ist sie ungerecht; sie produziert völlig unnötig Niederlagen, die sich über Zuschreibungsmechanismen gewaltfördernd auswirken können.*
- *Schule braucht nicht vor allem äußere Maßnahmen gegenüber Gewaltsymptomen; sie benötigt die innere Stärkung des Schülers auf dem Weg in die Demokratie und in die Zukunft.*
- *Schule schneidet mit Fehlprognosen zu viele Bildungspotenziale ab, statt jeden Schüler seinen Möglichkeiten entsprechend optimal zu fördern.*
- *Solange das deutsche Schulwesen noch dazu neigt, junge Menschen mit schlechten Noten, mit Sitzen- und Rücklaufenlassen, mit höherwertigen, mittelmäßigen und minderwertigen Bildungsgängen und mit dem Verweigern von Schulabschlüssen zu beschämen, wird es als gewalttätiges selektives System auch immer wieder Schülergewalt produzieren.*

Niemand wird Gewalttäter, wenn er nicht zuvor selbst Opfer von Gewalt war. Die deutschen Schulen leiden nicht nur unter Schülergewalt, sie sind als System auch selbst gewalttätig. Die strukturelle Gewalt der Schule ist eine Mitursache für die vielen Gewaltdelikte auf dem Schulweg, im Schulbus, auf dem Schulhof und in den Fluren und Räumen innerhalb der Schule.

Es ist ein wenig schizophren, wenn wir einerseits gewalttätige Schüler und ihren Besitz von Waffen beklagen und in schulische Gewaltprävention investieren und andererseits so tun, als würde es die Systemgewalt der Schule nicht geben. Viele Politiker, die Jugendgewalt beklagen, wollen die Schüler handlicher für das vorhandene Schulsystem machen, die Schule selbst aber unverändert lassen.

13. Gewalt durch das System Schule

Der ehemalige amerikanische Präsident Bill Clinton hat im April 2000 120 Millionen Dollar zur Verfügung gestellt, um die Gewalt an Schulen zu bekämpfen. Mit 40 Millionen davon sollen vorbeugende Maßnahmen an 23 US-Schulen finanziert werden, mit 60 Millionen der Einsatz von Schulpolizisten in 200 Kommunen, und 20 Millionen Dollar sind für Beratungsarbeit an Grundschulen bestimmt. So kuriert man an Symptomen, so will man junge Menschen an Systemmängel anpassen; besser wäre es gewesen, mit diesem Geld die Erziehungskompetenz von Eltern zu stärken und Schülern beizubringen, wie sie sich angemessen entscheiden, wehren, behaupten und durchsetzen können, ohne Aggressionen einzusetzen, ihnen Verhaltensalternativen beizubringen und sie selbstständig, konfliktfähig, teamfähig und früher mündig zu machen.

Die Gewalt des Systems Schule hatte in früheren Zeiten die Symbole des Rohrstocks, des In-die-Ecke-Stellens, des Vor-die-Tür-Schickens und des „blauen Briefes". Heute sind ihre strukturellen Gewaltaspekte etwas feiner eingesetzt:

- Schule ist gewalttätig, wenn sie davon ausgeht, dass alle Schüler gleich sind. Das Ideal des homogenen Lernverbandes, der frontal und lehrerzentriert beschult wird, tut so, als seien alle Schüler zu Beginn einer Stunde in einer ähnlichen Ausgangslage, also altersgleich, gleich begabt und gleich motiviert sowie in einem nahezu identischen Erziehungs-, Gesundheits-, Ernährungs- und Bildungszustand. Da das aber nie der Fall ist und sowieso nur zu einem totalitären Staat passen würde, wird Schule automatisch mit ihrem dürftigen Erziehungsprogramm gewalttätig gegenüber Kindern mit häuslichen Erziehungsmängeln, ungerecht gegenüber Kindern mit neurogenen Störungen, lieblos gegenüber Kindern, die zu Hause falsch ernährt werden oder ohne Frühstück in die Schule kommen, und gewalttätig, indem sie hochbegabte und früh geförderte Schüler stets unterfordert und in ihrer Entwicklung bislang zu wenig geförderte und herausgeforderte Schüler permanent überfordert.
- Schule ist gewalttätig mit ihrem Selektionsprinzip, indem sie junge Menschen in Schubladen mit den Aufschriften „Lernbehinderte", „Hauptschüler", „Realschüler", „Gymnasiasten" und in solche mit Noten von 1 bis 6 sowie Punkten von 15 bis 0 steckt, indem sie Hauptschülern den Abschluss verweigert und Schüler in Fahrstühle stellt, die Leistungskursauf- und -abstieg, Versetzung und Sitzenlassen sowie Rücklaufenlassen vom Gymnasium zur Realschule und von da zur Hauptschule bedeuten. Viele solcher Entscheidungen sind falsch und daher gewalttätig.
- Schule zeigt Gewalt durch Wellenlängenunverträglichkeiten, also durch die Zufälle einer stimmigen und unstimmigen Chemie zwischen Lehrern und Schülern. Viele Schüler scheitern, weil sie mit ihrem Lehrer nicht klarkommen; in der nächsten Klasse machen sie aber enorme Fortschritte, weil sie zufällig auf eine Lehrerpersönlichkeit treffen, die ihnen guttut, die sie motiviert und mitreißt. Die Lehrerkonstellation einer Klasse ist Schicksal, sie birgt ein wenig von einem Lottospiel in sich, und das gilt auch für die zufällige Zusammensetzung einer Klasse, durch die man integriert und nach vorn gebracht oder zum Außenseiter mit demotivierenden Blockaden wird.

- Wenn schon Sechsjährige gegen ihre motorischen Bedürfnisse zur sitzenden Lebensweise in 45-Minuten-Takten erzogen werden, wenn Schulklassen mehr als 18 Schüler haben, wenn die schulischen Belehrungsweisen nur die linke Hirnhälfte, die bloß das ausführende Organ des Gehirns ist, zu entwickeln trachten, wenn also das Kind beim Lernen nicht nur auf den Kopf, sondern sogar nur auf dessen linke Hälfte reduziert wird und die rechte mit ihren Anteilen Emotionalität, Kreativität, Musisches, Soziales und Kommunikatives auf der Strecke bleibt, dann verletzt Schule die Würde und die Entfaltungsfähigkeit des jungen Menschen, dann ist sie gewalttätig und sogar – wie Gerhard Huhn meint – grundgesetzwidrig.
- Wenn Lehrer einzelne Lieblinge haben oder eigentlich nur Mädchen mögen, wenn andere Lehrer die Jungen bevorzugen oder immer nur diejenigen Schüler fördern, die sich oft melden, sich um die stillen Schüler aber kaum kümmern, wenn Lehrer beim Mobbing der Schüler untereinander nur ignorierend weggucken und wenn der Staat schlecht mit seinen Lehrern umgeht, weil er sie nicht zeitgemäß aus- und fortbildet und falsch einsetzt, so dass sie mit dem „Burn-out-Syndrom" nicht lange genug durchzuhalten vermögen, wenn er seine Fürsorgepflicht vernachlässigt, weil er Schulgebäude verfallen lässt und weil er keine langfristig sinnvolle Einstellungspolitik betreibt, so dass Lehrerkollegien „vergreisen" und es an Grundschulen kaum Männer gibt, wenn er nicht jedem Schüler zwei Bezugspersonen in Form einer Klassenlehrerin *und* eines Klassenlehrers gibt, so dass zumindest zu einer dieser beiden Bezugspersonen eine stimmige Wellenlänge herstellbar ist, wenn er Schulen und Klassen zu groß geraten lässt und mit einem übertriebenen Fachlehrer- und Kursprinzip die Geborgenheits-, Kontinuitäts- und Überschaubarkeitsbedürfnisse der jungen Menschen vernachlässigt und wenn er den wissenschaftsorientiert vorgehenden Fachdidaktiker für wichtiger hält als den die gesamte Schülerpersönlichkeit umfassenden Lernberater, dann ist Schule eine sehr gewalttätige Einrichtung, die auch Gewalt unter Schülern schafft.
- Wenn Schüler Angst vor anderen Schülern haben, ihre deshalb besorgten Eltern die Lehrer und den Schulleiter um Hilfe bitten und diese Bitten dann bei den Pädagogen abprallen, und wenn solche Eltern gleichzeitig als schwierig und lästig eingestuft werden, dann potenziert Schule Gewalt.

Schule ist immer dann selbst gewalttätig, wenn sie einzelnen Schülern zu viele Niederlagen beschert oder immer wieder neue Versagenserlebnisse zulässt. Sie ist immer dann gewalttätig, wenn sie Schüler in die Teufelskreise der Stigmatisierung und der sich dann nachträglich erfüllenden Prophezeiungen der Lehrer treibt.

In den USA hat man einmal versuchsweise einem neuen Lehrer eine gute Schülergruppe als besonders leistungsschwach verkauft; alle Schüler wurden danach schlechter. Umgekehrt hat man einem anderen neuen Lehrer eine schwache Schülergruppe als besonders leistungsstark angedient; in der Folge wurden sämtliche Schüler dieser Gruppe besser.

Schüler mit kugelsicheren Westen in die Schule zu schicken, wie es einige New Yorker Eltern tun, und Waffendetektoren an den Schuleingängen zu installieren, löst die durch das System Schule bedingte Gewalt jedenfalls nicht im Kern. Erst wenn Schule wieder in unsere Zeit passt, vermag sie auch weniger gewalttätig zu sein: Eine moderne Schule muss der Eigentümlichkeit jedes einzelnen Schülers und dem Pluralismus unserer um Mündigkeit bemühten Demokratie Rechnung tragen. Sie muss autonom mit einer eigenen Personalhoheit, einer eigenen Budgetierung und einer Fülle von Profilbildungs- bzw. Schulprogrammen sein, die nicht mehr höher- und minderwertige sein dürfen, sondern viele andersartige nebeneinander zu sein haben. Sie muss sich als Regionalschule auf die besonderen Bedürfnisse der Nachbarschaft ihrer Schüler einstellen, und sie sollte Partizipation walten lassen, das heißt, sie muss Eltern und Schülern bei der Ausrichtung ihres Profils, bei der Einstellung ihres Personals und bei der Verwaltung ihres Budgets beteiligen. Vor allem muss sie aber Gewaltprävention betreiben, indem sie Schüler in die Lage versetzt, sich selbstständig, kritisch, flexibel und kooperativ entscheiden, wehren, behaupten und durchsetzen zu können, und das auch noch auf angemessene Weise. Wenn Schüler nicht mehr Untertanen in einem obrigkeitsstaatlichen System Schule sein müssen, sondern Selbstlerner auf dem Weg in ihre eigene mündige Zukunft sein dürfen, und wenn Lehrer mehr Lernberater und weniger belehrende Lebenschancenverteiler sind, dann ist Schule als System jedenfalls deutlich weniger gewalttätig, als sie es heute durchweg noch ist.

Vielleicht ist es da schon besser, dass in Hamburger Schulen jetzt Schülergerichte institutionalisiert worden sind, und zwar mit einem wirklichen Staatsanwalt, der nach Diebstahl, Körperverletzung und Sachbeschädigung von seinem Gerichtsgebäude her in die Schule kommt, aber die Richter und Verteidiger sind Mitschüler des Täters. Durch eine derartige Konfrontation über Gleichaltrige nach der Tat sind dann tatsächlich Überzeugung und Läuterung möglich.

14. Gewalt durch Lehrer

- *Lehrer sind heute nicht mehr so oft wie früher direkt gewalttätig. Der Rohrstock und das Schlagen kommen kaum noch vor.*
- *Lehrer können auch durch Ignorieren, durch Weggucken und durch einen Mangel an Fortbildung gewalttätig werden.*
- *Lehrer und Schulen müssen einem verstärkten Konkurrenzdruck ausgesetzt werden, damit sie besser werden.*

Im April 2000 hat der Petitionsausschuss des schleswig-holsteinischen Landtags den Antrag eines Lehrers auf Zahlung einer Gefahrenzulage wegen der vielen gewalttätigen Schüler abgelehnt. Tatsächlich gibt es ja auch Schülergewalt gegen Lehrer; aber viel häufiger ist, wenn auch seltener problematisiert, die Gewalt von

Lehrern gegen Schüler. Zwar gibt es den Rohrstock kaum noch, und es ist auch sehr rar geworden, dass Schüler von Lehrern geschlagen werden, aber die Lehrergewalt findet dennoch unverändert statt, zum Teil legitim, indem schlechte Noten gegeben oder Versetzungen bzw. ein Schulabschluss verweigert werden, indem angeordnet wird, dass Versäumtes nachgearbeitet und die Sitzordnung vorgegeben wird, indem Lehrer Schülervorschläge ignorieren, indem sie mit dem Druck des Lehrplans argumentieren, zum Teil aber auch illegitim, also gegen ihr besseres Aus- und Fortbildungswissen, und schließlich auch aus Unwissenheit oder Überforderung und Erschöpfung.

Gewalt durch Lehrer ereignet sich heute durchweg sehr fein eingesetzt, zwischen den Zeilen oder sich erst in einem längeren Zeitraum auswirkend, und nur noch sehr selten, indem ein Schüler mit dem Schlüsselbund beworfen wird, weil er nicht aufmerksam ist, indem er an den Ohren gezogen wird, weil er trotzig ist, oder indem er an den Haaren von einem Konflikt weggezerrt wird. Meistens findet Lehrergewalt so statt:

- Der Lehrer hat einzelne Lieblinge, die er bevorzugt, oder er mag Mädchen lieber als Jungen oder umgekehrt.
- Der Lehrer orientiert sich nur am Klassendurchschnitt und überfordert damit permanent die schwachen Schüler und unterfordert stets die leistungsstarken Schüler, so dass die sich langweilen und schwierig werden, vor allem aber keine hinlängliche Förderung erhalten.
- Der Lehrer bereitet den Schülern mehr Niederlagen als Erfolgserlebnisse.
- Der Lehrer bestraft Fehlermachen mit Beschämungen der Schüler, statt Fehler als hilfreiche Umwege auf dem Weg zum Ziel zu bejahen. Schwedische und finnische Lehrer versuchen das z. B. zu vermeiden.
- Der Lehrer erkennt nicht, dass ein Schüler Lernprobleme hat, weist daher Schuld zu und findet nicht den Schlüssel zum Fortschritt. Hyperaktive, hochbegabte, rechenschwache, lese-rechtschreib-schwache, feinmotorisch gestörte, wahrnehmungsgestörte, sinnesgeschwächte und solche Schüler, die Hör-, Seh- oder Sprachprobleme haben, werden von ihm nicht richtig diagnostisch erfasst und nicht angemessen therapeutisch gefördert.
- Der Lehrer arbeitet zu oft mit Ironie, Zynismus oder Sarkasmus, er macht Schüler verächtlich und stellt sie öffentlich vor der Klasse bloß, weil er eigentlich noch nie Kinder mochte; er ist seiner Fächer wegen, aufgrund seiner eigenen Unzulänglichkeit für andere Studiengänge oder wegen der „kleinen Morgenstelle" mit guter Bezahlung und vielen Ferien Lehrer geworden.
- Der Lehrer findet nicht die richtige Methode, die das Verständnis der Schüler erleichtert; er vermag sie nicht zu motivieren, er fehlt häufig, übt das Gelernte zu selten ein, bevor Arbeiten geschrieben werden, oder er möchte eine Klasse nur ein oder zwei Jahre führen – statt vier Jahre und mit zu wenigen Fächern.

14. Gewalt durch Lehrer

- Der Lehrer investiert weder ins Klassenleben noch in die Integration; er lehnt Klassenfahrten, Klassenfeste, Klassenzeitungen, häufige Elternabende mit Erziehungsgesprächen und Hausbesuche ab; er steht seinen Schülern und deren Eltern nachmittags und abends nicht zur Verfügung.
- Der Lehrer veranschaulicht seinen Unterricht nicht ausreichend; er bereitet sich schlecht vor, verzichtet auf Demonstrations- und Schülerversuche sowie auf Filme und meidet Lehrspaziergänge, Betriebsbesichtigungen, Projektwochen und Schülerpraktika.
- Der Lehrer guckt weg, wenn Schüler gemobbt werden, er lehnt es ab, einzugreifen und eine sinnvolle Prävention gegen Gewalt zu betreiben.
- Der Lehrer nimmt die Sorgen von Eltern nicht ernst, er weist ihre hilfesuchenden Interventionen und auch ihre Kritik zurück und lässt sich im Konfliktfall durch den Schulleiter schützen, der sich vor ihn stellt.
- Der Lehrer versteht nicht genug von Gewaltprävention, er trägt deshalb zur Gewalteskalation bei, statt die Überwindung von Gewalt zu fördern, und er meidet zugleich Fortbildungsveranstaltungen, die ihn diesbezüglich kompetenter machen würden; wenn die Eltern einen Fachmann zum Thema Gewalt in die schulische Aula einladen, geht dieser Lehrer nicht einmal hin, sondern redet sich mit Korrekturbelastungen heraus.
- Lehrer entledigen sich schwieriger, temperamentvoller, kreativer, kritischer oder bereits besonders geförderter Schüler, weil sie sie trotz guter Begabung als störend empfinden oder weil deren Eltern zu unbequem sind, indem sie sie sitzen- oder rücklaufen lassen.
- Lehrer bestrafen ansonsten erwünschtes und für unsere Gesellschaft sehr wichtiges kritisches Verhalten, das sie als „aufmüpfig" bezeichnen, mit einer schlechten Fachnote; sie stellen Schüler während des Unterrichts vor die Tür oder brummen ihnen Strafarbeiten auf, obwohl sie das nicht dürfen.
- Lehrer gebärden sich so, als sei die Schule vor allem für sie selbst da, nicht aber – wie eigentlich gemeint – vorrangig für die Schüler und ihre Eltern sowie für unsere gesamte Gesellschaft.

Immer wenn Lehrer formulieren, sie hätten „schon viele Schulreformen erlebt, aber noch keine mitgemacht", dann geraten sie in der Tendenz zu gewalttätigen Wesen, weil sie die notwendige Veränderung des Systems Schule blockieren, weil sie damit Schule unzeitgemäß belassen. Schüler haben um ihrer Zukunft willen aber das Recht auf eine zeitgemäße Schule, zumal in einer schnelllebigen Gesellschaft, in der sich alles so rasch verändert, dass Pädagogen kaum noch Schritt halten können. Dass sie das nicht so ohne weiteres können, ist jedoch nicht der Vorwurf an sie; schlimm ist es, wenn sie aktiv bremsen, weil sie zu bequem sind, auch bei sich selbst etwas zu ändern, wenn sie nur noch das „Licht am Ende des Tunnels" sehen, das „Pensionierung" oder gar „Frühpensionierung" heißt. Der Beamtenstatus des Lehrers hemmt seine Innovationsbereitschaft, so wie die planwirtschaftliche Steuerung des Systems Schule von oben her, also durch die Politik und Ministerien, das System Schule träge macht. Schließlich sorgt auch die Wohnortbindung der Schüler für einen zu geringen Grad an leistungsfördernder Konkurrenz zwischen den Schulen ...

Der Beamtenstatus der Lehrer, die zentrale Steuerung der Schulen beispielsweise mit dem Zentralabitur oder mit Notenhürden am Ende der Klasse 4 vor dem Übergang auf Gymnasium und Realschule, die unzeitgemäße Lehrerbildung, die betriebswirtschaftlich gesehen unsinnige Arbeitsplatzbeschreibung für Lehrer und die vorgegebene Zuordnung von Schule und Schüler sind also Elemente von struktureller Gewalt des Systems Schule, mit der Lehrer auch zu Handlangern von Gewalt werden.

Zum Glück gibt es aber auch sehr viele sehr gute Lehrer, die diese Gefahren aktiv vereiteln, indem sie sich optimal für ihre Schüler engagieren. Denn die Bereitschaft, sich autodidaktisch zu vervollkommnen, bringt ohnehin mehr positive Lehrerpersönlichkeitsanteile als die drei Phasen der Lehrerbildung zusammen.

Florian Langenscheidt hat jedenfalls einmal sehr treffend beschrieben, warum das System Schule mit seinen Lehrern oft so gewalttätig auf Schüler wirkt: „Auf jeden deutschen Schulreformer kommen mindestens 1000 Leute, die vor ihm warnen." Und er hat hinzugefügt: „König in diesem Schulwesen ist wie beim Mikadospiel derjenige, der sich am wenigsten bewegt."

15. Schülergewalt

- *Wenn das für Schüler abstrakte System Schule selbst gewalttätig ist, ist es nicht verwunderlich, dass Schüler konkret gegen Lehrer zurückschlagen.*
- *Schülergewalt gegen Lehrer ist meist der Endpunkt einer sehr langen Kette von Versagenserlebnissen und Niederlagen.*
- *Wenn Frust sehr lange aufgestaut wird, brechen eventuell eines Tages die Dämme von einer Sekunde zur nächsten, und dann muss oft das Feindbild Lehrer als Opfer herhalten.*

Fast ein Drittel der Schüler aus den Klassen 7 bis 13 in Bochum fühlen sich von Kameraden bedroht; besonders ausgeprägt ist dieses Gefühl unter Gesamtschülern. Das ist das Ergebnis einer Studie des Kriminologen Hans-Dieter Schwind von der Ruhr-Universität, der Umfragen an allen 123 Bochumer Schulen ausgewertet hat. Stärker als Realschulen und Gymnasien leiden danach Grund-, Haupt- und Gesamtschulen unter prügelnden Schülern. Zumeist sind es Jungen aus den Klassen 7 bis 10, die zuschlagen. Auch Raub und Erpressung kommen vor, und durchschnittlich einmal in der Woche schlagen Gruppen deutscher und ausländischer Schüler aufeinander ein.

Gewalt unter Schülern hat es immer gegeben. Momentan ist die Wahrnehmung für sie außerordentlich groß. Vor allem die Journalisten schlachten das

15. Schülergewalt

Phänomen Schülergewalt gern aus, so dass die Kultusministerien und Schulämter sich deutschlandweit gezwungen sehen, immer wieder „Gewaltstudien" zu erstellen. Leider sind sie fast alle völlig wertlos,

- weil sie erstens das Aggressionspotenzial durchweg herunterspielen wollen, damit nicht zusätzliche Kosten für Prävention entstehen,
- weil zweitens zumeist Schulleiter befragt werden, die kein Interesse daran haben, dass ein wahres Bild über die Aggressionen an ihrer Schule entsteht, denn es würde sich negativ auf die Anmeldezahlen für ihre Anstalt auswirken,
- weil drittens die vom Schulsystem, von der einzelnen Schule sowie von ihren Lehrern auf die Schüler ausgeübte Gewalt stets vernachlässigt wird
- und weil viertens das bedeutendste Aggressionsfeld – nämlich das der Gewalt gegen sich selbst – immer unter den Tisch fällt.

Die bisher seriöseste Gewaltstudie wurde 1974 in Hamburg an sämtlichen Hauptschulen des Schulaufsichtsbezirks Altona/Elbgemeinden erstellt. Es wurden von Marianne Franz und Hanspeter Schlesiger über ein Jahr hinweg alle Lehrer befragt, es wurde schonungslos offen alles, was es an Gewalt gibt, zugegeben, und es entstand damit ein stimmiges Bild, das im Vergleich zu den Resultaten der heutigen Gewaltstudien zu dem Schluss führen müsste: Vor 20 Jahren war Schülergewalt wesentlich schlimmer als heute. Nur war damals die Zeit noch nicht reif für eine angemessene Wahrnehmung, die Öffentlichkeit interessierte sich nicht für die Ergebnisse, und der damalige Hamburger Landesschulrat Wolfgang Neckel ordnete an, die Studie unter Verschluss zu nehmen, damit nicht Handlungsbedarf wächst und zusätzliche Kosten entstehen …

Die aktuellen Schlagzeilen über Schülergewalt tragen immer wieder neue Blüten: „Großbritanniens Lehrergewerkschaft fordert Alarmknopf im Klassenzimmer", „Jeder dritte Berliner Schüler trägt eine Waffe in der Schultasche". Letzteres ist mit Sicherheit falsch, denn erstens ist es höchstens jeder zwanzigste Schüler, der eine Gaspistole, ein Spring- oder Klappmesser, Butterflymesser, einen Knüppel oder eine Reizgassprühdose bei sich führt, und zweitens wird das meiste davon gewiss nicht in der nur schwer zugänglichen Schultasche oder im Rucksack deponiert, sondern in der Jacken- oder Hosentasche.

Eine etwas bessere, weil differenzierende Meldung kommt aus Bayern: Zwar wird mit ihr berichtet, dass an bayerischen Schulen „immer häufiger zugeschlagen" werde, dass es aber nicht mehr, sondern eher weniger Täter gebe, deren Deliktzahl jedoch steigt. Genauso ist es.

In Berlin ist ausgezählt worden, wo sich die Schülergewalttaten vorzugsweise ereignen: 52 Prozent auf dem Schulhof, 27 Prozent auf dem Schulweg und 21 Prozent im Schulgebäude.

Das Schlagen, Treten, Würgen und Spucken sowie das Abpressen von Geld, Schulbrot, Klamotten und Schuhen, das Bedrohen mit Waffen, das psychoterrormäßige Einschüchtern, die rassistischen Übergriffe, die sprachliche Verrohung, die Aggressionen gegen Lehrer und das Zerstören von Gestühl, Räumen und Gebäuden, das Beschmieren von Wänden, der Vandalismus gegenüber Kleiderhaken, Lehr- und Lernmitteln und Toiletten, alles das spielt etwa seit 1990 in den deutschen Schulen eine alarmierende Rolle, nachdem die Bundesregierung noch 1989 befunden hat, dass Gewalt an Schulen „kein zentrales Thema" sei. Seit 1990 etwa driften jedenfalls Lehrerbildung und Lehrerarbeitsplatzbeschreibung einerseits und die Kinder- und Jugendkulttrends andererseits immer weiter auseinander.

Die Schule hat seitdem den Anschluss an die gesellschaftliche Entwicklung verpasst. Die Lehrer sind zunehmend überfordert, erschöpft, zu alt, resigniert und auch krank; und seit etwa 1990 sind Schulen kein gesellschaftliches Investitionsfeld mehr, sondern vor allem Sparopfer.

Nähern wir uns also doch amerikanischen Verhältnissen, in denen sich die Zahl der erschossenen Schüler allein von 1970 bis 1990 verdoppelt hat, in denen jeder fünfte Schüler bewaffnet ist, in denen schon 1991 etwa 750 Schüler mit geladenen Handfeuerwaffen in Schulgebäuden erwischt wurden, in denen die Schüler beim Betreten ihres Lehrinstituts mit Metalldetektoren kontrolliert werden, in denen alle sechs Sekunden ein Verbrechen geschieht, in denen 90 von 100 Schülern irgendwie jederzeit Zugang zu Schusswaffen haben?

Antworten können darauf nicht vordergründig gegeben werden, ebenso wenig wie Gewalt allein mit gesetzlichen, polizeilichen oder richterlichen Mitteln eindämmbar ist. Entscheidend bleibt letztlich immer die gesamterzieherische Situation, in der Kinder und Jugendliche aufwachsen, und dazu gehören neben den Familien vor allem die Schulen, von deren Gestaltung und von deren Lehrerbildung vieles abhängt, wenn es um eine künftige gesellschaftliche Gewaltprävention geht.

Immerhin unterzeichnete der ehemalige US-Präsident Bill Clinton bereits im Oktober 1994 eine Verordnung gegen das „Gangbanging" in den Schulen, nach der Schüler, die eine Schusswaffe mitbringen, für mindestens ein Jahr von der Schule verwiesen werden können.

Wenn Lehrer derart oft unterschwellig gewalttätig gegen Schüler sind und wenn Schule immer noch versucht, mit dem am Durchschnittsschüler orientierten Ideal des homogenen Lernverbandes alle Schüler gleich zu behandeln, so dass sie alle ungleich behandelt werden, weil sie so unterschiedlich sind und so unterschiedliche Bedürfnisse und Motivationen haben, dann verwundert es nicht, dass Schüler auch zurückschlagen. Und das tun sie nicht nur gegen Mitschüler, sondern auch gegen Lehrer, unter denen sie leiden. Oder die Lehrer müssen persönlich und konkret ausbaden, was das System Schule mit seiner strukturellen Gewalt grundsätzlich anrichtet, und das ist vor allem Frust ob viel zu vieler kleiner und großer Niederlagen, die sie einzelnen Schülern beschert. Der Tropfen höhlt dann oft sehr lange den Stein, kaum spürbar, bis er eines Tages das Fass im Schüler zum Überlaufen bringt. Lange wurde der Frust aufgestaut, bis dann eines Tages das Wehr, das wir Hemmung nennen, ganz unerwartet – aber dennoch heimlich geplant – bricht und sich der Überdruck gegen einen einzelnen oder mehrere Lehrer oder gegen Lehrer und Mitschüler gleichzeitig entlädt.

Fassungslos stehen wir immer wieder davor: Erst waren es die Schulmassaker in den USA, mit denen unter anderem Denver und die Kleinstadt Littleton traurige Berühmtheit erlangten. Dann war es in Bad Reichenhall der 16-Jährige, der – offenbar im Affekt – mit einer Waffe seines Vaters vier Menschen erschoss, dann in Meißen der 15-jährige Gymnasiast, der geplant und seinen Mitschülern angekündigt seine Geschichtslehrerin „aus Hass" mit einem Messer im Unterricht tötete, dann konnte so etwas im sächsischen Kamenz gerade noch verhindert werden, und dann wurden im niederbayerischen Metten drei 14-Jährige verhaftet, die sich Waffen besorgt hatten und erst einen Banküberfall begehen und danach ein Blutbad in ihrer Schule anrichten wollten. Der Amoklauf von Robert Steinhäuser am Erfurter Gutenberg-Gymnasium war der vorerst letzte Höhepunkt. Mit dem Ausstrahlungseffekt, den solche spektakulären Ereignisse leider haben, müssen wir im Sinne von Imitations- bzw. Modelllernen immer mit weiteren „Trittbrettfahrern" rechnen, vielleicht nicht unbedingt in Deutschland, aber wohl auf jeden Fall in den USA: Im März 2005 hat zuletzt ein 16-Jähriger in der Red Lake Highschool in Minnesota neun Schüler erschossen.

„Bekommen wir bald ‚amerikanische Verhältnisse' in den deutschen Schulen?", fragen sich mittlerweile viele, und sie denken dabei an das Horrorszenario so mancher großen Lehranstalt in Los Angeles, Chicago, New York oder Washington D.C., in der es kameraüberwachte Klassenräume, Waffendetektoren an den Eingangstüren, Alarmknöpfe auf den Lehrerpulten sowie schuleigene Polizisten gibt. Ist so etwas auch in Deutschland möglich? Und überhaupt: Wie kommt es dazu? Und was kann man dagegen tun? Helfen die „Cops4you", die als schulbegleitende Polizisten inzwischen an vielen Hamburger Schulen ihren Dienst tun?

In Nordrhein-Westfalen, Niedersachsen, Hamburg oder Schleswig-Holstein sind Extremfälle von Schulamok wohl eher unwahrscheinlich. Es fällt nämlich auf, dass ganz oft gerade Sachsen und Bayern betroffen sind, also zwei Bundesländer mit einer rigide herrschenden Belehrungs- und Selektionsschule, die Noten überbewertet und die die heute so wichtig gewordenen emotionalen, sozialen, kommunikativen, musischen und kreativen Dimensionen vernachlässigt und die familienergänzende Erziehungsfunktion noch nicht hinreichend angenommen hat. Auch hat sie noch nicht verstanden, dass unser Grundgesetz und unsere komplexe und komplizierte Gesellschaft es erfordern, dass junge Menschen schon früh zur Konfliktfähigkeit erzogen werden. Wenn man Selektion für wichtiger als Integration hält, dann begünstigt man eine gesellschaftliche Spaltung in Gewinner und Verlierer, dann setzt man Schul- und Lehrergewalt so ein, dass Schülergewalt begünstigt wird. Wenn man Schüler wie Untertanen behandelt, dann lässt man sie unmündig, dann können sie nicht angemessen auf Probleme zugehen, dann weichen sie auf Gewalt, Sucht oder Krankheit aus, weil es ihnen an Verhaltensalternativen für kritische Situationen fehlt. Und das ist dann das, was Altbundespräsident Johannes Rau „Demokratiedefizite" genannt hat, die er für die Zunahme an Rechtsextremismus und die Neigung zu Hass und Gewalt verantwortlich machte. Es geht aber zugleich um Weltbild- bzw. Orientierungsdefizite, wenn wir die große Naivität bzw. auch Dummheit zur Kenntnis nehmen, mit der „Todeslisten", wie in Radeberg bei Dresden, von fünf 13- bis 15-Jährigen erstellt oder das Blutbad in Metten geplant werden.

Es ist nie nur *eine* Ursache, mit der wir spektakuläre Gewalttaten erklären können. Insofern sind Fernseh- und Videogewalt oder gewaltreiche Computerspiele oder der Familienzerfall oder das Wohnen in einem Problemgebiet allein nie schuld, ebenso wenig wie es unzureichend ausgebildete Lehrer oder unzeitgemäße Schulen allein sind. Es muss schon eine ganze Menge an Faktoren zusammenkommen, damit junge Menschen so wie diejenigen enden, die in Bad Reichenhall, Meißen, Metten oder Erfurt zu einer hohen Medienaufmerksamkeit gelangt sind, damit sie sich für das denkbar Absurdeste entscheiden, um endlich einmal beachtet zu werden. Außerdem sind es Einzelfälle, die nie und nimmer zu dem allgemeinen „Zustand der deutschen Jugend" hochgerechnet werden dürfen. Allerdings sind es dennoch „Eisbergspitzen", die auf eine Reihe von Unzulänglichkeiten in der Erziehungs- und Bildungssituation unserer Gesellschaft hindeuten:

- Wenn die ehemalige bayerische Kultusministerin Monika Hohlmeier meint, man müsse mit dem Einsatz von Schulpsychologen in Problemschulen und mit deutlicheren Sanktionen auf Ereignisse wie in Metten reagieren, dann liegt sie falsch. Sie will reparieren, wenn es zu spät ist. Stattdessen muss mit einem „Frühwarnsystem" in Kindergärten und Grundschulen rechtzeitig sich dann schon andeutenden Verhaltensschwierigkeiten vorgebeugt werden, unter anderem mit „Spielregeln des Zusammenlebens", die von den Kindern selbst erarbeitet und immer dann von ihnen reformiert werden, wenn sie sich nicht oder nicht mehr bewähren.
- Wir brauchen eine „aufsuchende" bzw. „zugehende" Pädagogik, mit der die Erziehungskompetenz der Eltern gestärkt wird. „Elternschaft lernen" nennt man das in

Schleswig-Holstein. Erzieherinnen, Lehrer, Schulpsychologen, Kinderärzte, Sozialarbeiter und Polizisten bilden dabei ein Netzwerk vor Ort, mit dem Eltern die Gelegenheit gegeben wird, Erziehung durch das Reden über Erziehung besser zu verstehen.

- Wir brauchen eine andere Lehrerbildung, mit der Lehrer auch für die neuen Funktionen von Schule gestärkt werden, also für Ernährung, Bewegung, Spiel, Muße, Prävention, Elternarbeit, Gewalt- und Suchtprävention sowie für den Aufbau von Schlüsselqualifikationen wie Selbstständigkeit, Erkundungs- und Handlungskompetenz, Konfliktfähigkeit, Kreativität, Flexibilität und Teamfähigkeit.
- Wir brauchen eine andere Arbeitsplatzbeschreibung für Lehrer, mit der Erziehungsaufgaben gleichwertig neben Bildungsaufgaben gestellt werden, weil die herkömmlich bewährte Arbeitsteilung, mit der die Familie erzieht und die Schule bildet, bei immer mehr Kindern nicht mehr funktioniert.
- Von der Lübecker Domschule können wir lernen, dass Gewalt deutlich abnimmt, wenn Mobbing und Schülerkonflikte aus gegebenen Anlässen heraus als Rollenspiele noch einmal veranschaulicht werden und wenn dann differenziert nach Tätern, Opfern und Zuschauern gefragt wird: „Was hätte man stattdessen tun können?" Die vorgeschlagenen Verhaltensalternativen werden sodann von den Schülern bewertet und vorgespielt. Wenn man so etwas täglich schon ab Klasse 1 tut, lernen die Täter, ihre Aggressionen auch anders zu kanalisieren, die Opfer, sich zu wehren, zu behaupten und angemessen durchzusetzen, und die Zuschauer werden zu „Konfliktlotsen" bzw. „Streitschlichtern" fortgebildet. Mit einzelnen besonders schwierigen Jugendlichen Verträge abzuschließen wirkt ebenfalls über den Trick, dass junge Menschen sich akzeptiert fühlen, wenn man ihnen zutraut, die Verträge auch einzuhalten.
- Von der Eylardus-Schule für Erziehungsschwierige im niedersächsischen Bad Bentheim können wir lernen, dass die bisherige Verständnispädagogik um eine Konfrontationspädagogik ergänzt werden muss: Die Täter werden von Gleichaltrigen und Lehrern mit ihrer Tat deutlich konfrontiert, und zwar sofort. Wer einen anderen tritt, muss den Schuh, mit dem er getreten hat, für den gesamten Schulvormittag abgeben; Täter und Opfer werden angehört, ernst genommen, und der Konflikt wird noch am selben Tag restlos geklärt, mit Entschuldigung, mit Vereinbarung, mit Wiedergutmachung und mit dem Versprechen des Täters sich selbst gegenüber. Funktionieren kann das aber nur mit einem Konsens im Lehrerkollegium und indem die Täter mehr von Gleichaltrigen als von Erwachsenen mit ihrer Tat konfrontiert werden und wenn die Täter direkt die Folgen ihrer Tat miterleben, also zu dem gebracht werden, was wir „Täter-Opfer-Ausgleich" nennen.
- Gewalt ist vor allem ein Jungen- und ein Versagerproblem. 90 Prozent der schlimmen Delikte werden von männlichen Jugendlichen begangen, die genau wissen, wie sie sich zu inszenieren und an welcher Stelle sie Tabubrüche zu begehen haben, um in die Medien zu kommen, um endlich einmal Aufmerksamkeit zu erhalten und um in ihrer Peer-Group zum Rangordnungsaufstieg zu gelangen. Wenn sie Gewalt gegen Lehrer oder Mitschüler planen, gleicht dies Theaterinszenierungen , mit denen sie in die Mitte der Gesellschaft schreiten wollen; denn dort stehen die Medien, die es geschafft haben, dass ein Verbrechen nicht mehr bloß ein Randgruppen- oder Armutsphänomen ist,

sondern auch eine Möglichkeit, im Zentrum des Lebens mitzumischen, bevor man endgültig ins Abseits gerät; aber dieses Abseits liegt erst im Morgen, noch nicht im Heute. Um so weit zu denken, müssten die jugendlichen Täter aber klüger und weltbildstimmiger sein, als sie es durchweg sind. Wenn Erwachsene mit ihrem Jugendwahn so leben und aussehen wollen wie Jugendliche, rauben sie der Jugend ein Stück des spezifisch Jugendlichen; die Jugend ist damit gezwungen, auszuweichen, um neues jugendspezifisches Terrain zu gewinnen, und das kann sie entweder mit Frisuren, Klamotten, Musikgeschmack, Sprachcodes und freizeitkulturellen Trends oder mit Sprachgewalt, Mobbing, Zerstören, Zuschlagen und Selbstzerstören. Wir brauchen gegenläufig zu aktuell wieder erstarkenden früheren Männlichkeitsidealen („Macho" oder „cool" sein, sich martialisch aufmachen) eine Jungenpädagogik, mit der liebevolle Väterlichkeit gegen brutale Männlichkeit gesetzt wird, damit Jungen nicht länger innere Schwäche mit äußerer Stärke kompensieren müssen, wie dies durch „Muskeln zeigen", „Waffen tragen", das „Aufmotzen" von Autos und das „Vorführen" von Kampfhunden geschieht. Die Rechnung geht aber nur dann auf, wenn wir es schaffen, die Männer in der Erziehung – also Väter, Erzieher und Lehrer – zu mehr Nähe, Emotionalität und Körperkontakt gegen ihre eigene Angst, das könne falsch verstanden werden, zu animieren, und wenn wir die innen schwachen und außen starken Jungen zu gesellschaftlich anerkannten Erfolgen, also zu Selbstwert fördernden Erfolgserlebnissen führen. Dafür wäre eine Quotenregelung bezogen auf männliche und weibliche Lehrkräfte für Grundschulen und vielleicht auch für Kindergärten außerordentlich hilfreich. Denn immer mehr Jungen wachsen ohne Väter und ohne Männer auf, und immer mehr Jungen versagen in der direkten Lernkonkurrenz mit den Mädchen: Nur noch 46 Prozent der deutschen Abiturienten sind Jungen, aber sie machen zugleich zwei Drittel der Sitzenbleiber und Rückläufer aus und etwa 70 Prozent der Schüler, die nicht einmal bis zum Hauptschulabschluss kommen. Tony Blair hat diese Entwicklung schon vor sechs Jahren erkannt: „Das Hauptproblem der britischen Gesellschaft am Beginn des neuen Jahrhunderts werden die jungen Männer sein", und er meinte das in Bezug auf Gewalt, Schulversagen, Arbeitslosigkeit, Sucht und Hooliganismus, aber auch in Bezug auf Familienzerfall und Krankheiten. Recht hat er, und für Deutschland gilt das auch. Allerdings nicht unbedingt für Schweden, denn dort wird in den Schulen die rechte Hirnhälfte der jungen Menschen mit den Anteilen Emotionalität, Kreativität, Soziales und Kommunikatives genauso gefördert wie die linke, und dann können die Jungen auch wieder mit den Mädchen Schritt halten. In deutschen Schulen ist es aber immer noch so: Lehrerinnen reden mehr als Lehrer, Mädchen passen sich den Lehrkrafterwartungen eher an als Jungen, Mädchen neigen zum Befolgen von Anweisungen, Jungen aber mehr zum Ausprobieren als zum Befolgen, so dass sie mit der rigiden Fehlerkultur der deutschen Schulen häufiger scheitern als die Mädchen und als ihre männlichen Altersgenossen in Schweden, die erst ab Klasse 9 Noten bekommen.

16. Sprachgewalt

- *Da Gewaltkarrieren meist mit Sprachgewalt beginnen, muss hier den Anfängen gewehrt werden.*
- *Sprachgewalt hat zugenommen, auch weil Zuschlagen und Zerstören erfolgreicher verpönt werden.*
- *Kinder, die in ihrer sprachlichen Entwicklung noch weit zurück sind, neigen zur Fäkaliensprache und zu gewaltreicher Körpersprache.*
- *Jugendsprache kommt bei Erwachsenen oft gewalttätiger an, als sie gemeint ist.*

Viele Kinder wachsen sprachlich unterversorgt auf. Mit ihnen wird zu wenig gesprochen, ihnen wird zu wenig zugehört, und sie haben kaum Sprechanlässe, weil es ihnen an Geschwistern, an Spielkameraden oder auch an einem Elternteil fehlt und weil keine Großeltern mehr da sind oder weit weg wohnen. Aber auch wenn die Eltern mit ihnen sprechen, kann es sein, dass diese selbst kaum der Sprache mächtig sind, dass sie Einwortsätze, unvollständige Sätze oder sogar gewaltreiche Sprache verwenden.

Kinder, die in einem solchen Sprachmilieu aufwachsen, können das, was sie zu sagen beabsichtigen, eigentlich kaum so zum Ausdruck bringen, wie sie es wollen. Daher weichen sie sehr schnell auf Mimik und Gestik, auf Schreien und Weinen, auf Trotz und auf Verweigern aus – also auf Körpersprache. Und wenn sie damit Erfolg haben, gewöhnen sie sich daran und an die Gewaltausdrücke ihrer dürftigen eigenen Sprache, auch weil sie ihr direktes Sprechverhalten aus Mangel an Anlässen auch nicht weiterentwickeln bzw. kultiviert ausbauen können.

Zur Körpersprache gehören Zuschlagen und Zerstören, und das kann man auch mit Worten.

Gewalt fängt also meist mit dem Sprechverhalten der Eltern an, sie wird dann auf das Sprechverhalten der Kinder übertragen und später auf die Körpersprache und auf Zuschlagen und Zerstören ausgedehnt.

Kinder, die einen zu geringen Wortschatz und eine unzulängliche Grammatik „drauf haben", werden verleitet, weil ihre Verbalkompetenz kaum etwas anderes zulässt, auf nonverbales Sprechverhalten (Stottern, Poltern, Schreien, Weinen), auf Fäkaliensprache („Scheiße", „du Arsch") und auf gewaltreiche Körpersprache (Zuschlagen, Zerstören) auszuweichen, denn sprachlich kultiviert auf ein Problem zuzugehen, fällt ihnen zu schwer. Sie können eben nicht formulieren: „Was du da eben angedeutet hast, besorgt mich"; sie sagen stattdessen einfach: „Du blöde Sau", „Wichser" oder – noch kürzer – „Fuck!". Wenn ihnen so etwas aber erzieherisch verwehrt worden ist, auch weil sie gelernt haben, dass das bestraft wird, und sie dennoch in der Sprachentwicklung so weit zurück sind, dass sie sich verbal nicht angemessen wehren und durchsetzen können, dann neigen sie dazu, körpersprachliche Gewalt als Kommunikationsmittel gegen sich selbst, also autoaggressiv einzusetzen, und das geschieht dann oft in Form von Bettnässen, Nägelkauen oder auch Asthma.

Eine Untersuchung, die Achtklässler der Hamburger Gesamtschule Bergedorf angestellt haben, kommt zu dem Schluss, dass Schimpfwörter, die Schüler untereinander und gegeneinander, aber auch bei Selbstgesprächen gegen sich selbst einsetzen, immer gewaltreicher werden. „Ziege" oder „Schwachkopf" sagt kaum noch jemand; „Arschficker" oder „Mösenstecher" gelten mittlerweile als harmlos; sie sprechen von „Gehwegpanzer" (dickes Mädchen), von „Fascho-Torte" (Freundin eines Neonazis), von „Fischkopf" oder „Karpfenfresse" (hässlicher Mensch), von „Super-Spasti" (unbeholfener Mensch), von „abkacken" (abreagieren), von „Nigger jagen", „Asys klatschen" und „Schwule ticken" (Ausländer, Asylbewerber und Homosexuelle niedermachen), oder sie bezeichnen ein Mädchen ohne Begleitung als „Tasse", die beim „Putenrennen" (Damenwahl in der Disco) zum Tanz auffordert.

88 Prozent der Fünftklässler geben an, dass sie täglich mit krassen Schimpfwörtern bedacht werden, 61 Prozent aller Sechstklässler sind bereits verbal am Telefon belästigt worden, und 15 Prozent sind schon direkt in der Schule sexuell angemacht worden, was ja auch etwas mit sprachlicher oder körpersprachlicher Gewalt zu tun hat.

Was an der Jugendsprache auf Erwachsene wie Gewalt wirkt, ist übrigens von den Jugendlichen selbst oft gar nicht so gewalttätig gemeint, und sie empfinden es untereinander auch nicht als so gewalttätig. Sie wollen sich mit einer eigenen Sprache ein Stück weit von den Erwachsenen abgrenzen, sie wollen mit ihr etwas Eigenes haben, das nur ihnen gehört und mit dem sie sich untereinander identifizieren können. Sprachgewalt ist bei ihnen vielfach gar nicht todernst gemeint, sondern hat nur die Funktion des „Stimmfühlungslautes", den Verhaltensphysiologen wie Konrad Lorenz für ziehende Gänse oder Schwäne übersetzen mit: „Hier bin ich, wo bist du?"

Wenn der Enkel zu seiner Oma sagt: „Du siehst echt geil aus", kann es sein, dass die alte Dame pikiert oder gar geschockt ist ob dieser Wortwahl, die in ihrer Jugend etwas ganz anderes zum Ausdruck gebracht hat (nämlich so viel wie sexuell aufreizend oder sexuell erregt). Für junge Menschen bedeutet „geil" heute aber nichts anderes als „prima" und „oberaffengeil" so etwas wie „super"; allerdings ist das Wort „oberaffengeil" schon längst wieder „out" und mittlerweile ersetzt worden durch „das ist fett" bzw. „das schockt". „Es bockt" eben, mit „derben" Sprüchen zu „checken", ob man „hipp" oder als „total krass" gilt. Sollen die „Grufties" doch „labern"; Jugendsprache muss eben „heftig" sein, weil sie „genial" ist, „voll die Härte gibt", auf die „coole" junge Menschen und erst recht kleine „Machos" „abfahren", und weil sie „Connections" schafft und für „Respekt" sorgt.

Aber auch wenn Jugendsprache oft von den jungen Menschen selbst nicht als gewalttätig empfunden wird, beginnt mit ihr in vielen Fällen eine Gewaltkarriere. Erwachsene tun jungen Menschen deshalb keinen Gefallen, wenn sie sich ihnen mit Jugend- oder gar mit Fäkaliensprache anzubiedern versuchen. Denn erstens wollen junge Menschen diese Anbiederung gar nicht, weil sie ihnen ihre eigene Welt, die sie nur untereinander, aber nicht mit Erwachsenen teilen wollen, ein Stück weit raubt, mit der Folge, dass sie sich in immer abartigere Nischen hin zurückziehen müssen. Zweitens werden Jugendliche mit der Anbiederung der Erwachsenen durch jugendspezifische Sprachgewalt nur ermuntert, noch gewalttätiger zu werden, so dass die „Spirale der Gewalt" im Sinne einer Gewaltkarriere geradezu unterstützend hochgeschraubt wird. Und drittens nützt man jungen Menschen auf ihrem Weg in ihre Zukunft und in die Erwachsenenwelt am besten mit sprachlich vorbildlichem Verhalten, weil sie dann Modelle für ihre positive Weiterentwicklung haben, weil sie dann sprachlich herausgefordert werden und lernen, statt mit verbaler und körpersprachlicher Gewalt argumentativ angemessen ihre Probleme zu lösen, und nicht zuletzt weil sich damit auch ihre Chancen bei der Suche nach einem Ausbildungsplatz und in ihrem weiteren beruflichen sowie privaten Werdegang deutlich verbessern. Wer auch ohne Sprachgewalt klarkommt, vermag taktisch geschickter und damit auch erfolgreicher zu sein, übrigens auch bei der Suche nach Freunden und Lebenspartnern.

17. Mobbing – Die Gewalt der Sticheleien

- *Mobbing richtet sich nicht so sehr gegen den Körper des Opfers, sondern besonders gegen seine Seele.*
- *Wenn Mädchen von Jungen „gegretelt" werden und wenn Jungen von Mädchen „gehänselt" werden, ist das Leiden meist größer als bei Sticheleien unter Gleichgeschlechtlichen.*
- *Mobbing will niedermachen, damit sich der Täter im Ansehen der Gleichaltrigen aufrichten kann.*
- *Mädchen und Gymnasiasten neigen mehr zum Mobbing als Jungen und Hauptschüler.*
- *Junge Menschen halten Mobbing für „intelligenter" als Zuschlagen und Zerstören, also für „höherwertig", obwohl die Traumata bei den Opfern tiefer sitzen und langanhaltender wirken können.*

Neben den groben Formen der Gewalt wie Zuschlagen und Zerstören gibt es auch die subtilen und verheerenden, also länger wirkenden Formen.

Wer von einem Mitschüler geschlagen wird, wird in der Regel nicht so tief traumatisiert. Die Gewalt gegen den Körper ist meist leichter zu verarbeiten als die gegen die Seele. In dem Maße, wie die körperliche Gewalt in unserer Gesellschaft und auch in der Jugend immer mehr als feige verpönt wird, da sie aus der inneren Schwäche des Täters erwächst, hat sich auch die Qualität der Gewalt gewandelt: „Jacken abziehen" wird als weniger primitiv eingeschätzt als Zuschlagen; erfolgreiches Bedrohen, Schikanieren, Ausgrenzen, Verspotten, Demütigen oder Hänseln wird von Kindern und Jugendlichen für „intelligenter" als körperliche Gewalt gehalten. Und so haben diese Phänomene, die wir mit dem Begriff „Mobbing" bündeln, was so viel wie „anmachen" oder „seelisch angreifen" meint, in letzter Zeit mehr zugenommen als die zuschlagende Gewalt.

Mobbing ist die Gewalt der ständigen kleinen oder auch der gelegentlich großen Sticheleien, der Vorurteile und der Intrigen. Zu ihr neigen auch Jungen – zumal die kultivierter erzogenen und die begabteren –, vor allem aber die Mädchen, die schon aus körperlichen Gründen nicht so leicht zuschlagen können.

Wohlgemerkt: Es gibt immer alles, nämlich zuschlagende Mädchen und Gymnasiasten und mobbende Jungen und Hauptschüler, aber insgesamt kommt Mobbing eher bei Mädchen und Gymnasiasten vor und Zuschlagen und Bedrohen mit Waffen eher bei Jungen und Hauptschülern.

Das Mobben ist die häufigste Art der Gewalt unter Erwachsenen – beispielsweise am Arbeitsplatz und in der Politik –, unter Grundschülern und Gymnasiasten, unter Mädchen und unter Menschen in besseren Wohnvierteln, aber auch unter Geschwistern.

Das Mobben reicht vom Erpressen und Abziehen über das Verbreiten von schlimmen Gerüchten, die sexuelle Anmache und den Telefonterror bis hin zum direkten Verächtlichmachen mit Worten, mit Hohn und Spott, dem Ausgrenzen von skurrilen Persönlichkeiten, dem demütigenden Kommentieren äußerlicher Besonderheiten (Sommersprossen, Hakennase, rote Haare, Fettleibigkeit, Übergröße, Kleinwüchsigkeit, neuer Pullover, ungewöhnlicher Gang, Buckeligkeit …) und der Diskriminierung von Minderheiten (andere Religionszugehörigkeit, andere Volks- oder Kulturzugehörigkeit, andere Hautfarbe, anderer sozialer oder materieller Status …).

Ausländer- und Aussiedlerkinder werden auf diese Weise schikaniert, Mädchen werden frauenfeindlich angemacht, Stotterer werden gehänselt, und andere Kinder werden wegen ihrer unmodernen Kleidung ausgelacht oder wegen ihres Fleißes als „Streber" ausgegrenzt.

Das Mobbing hat viel mit Orientierungsschwierigkeiten gegenüber einem Anderssein oder der Wandlung einer Person, mit Vorurteilen, mit Neid und leider oft auch mit Hass zu tun. Besonders das Fremde, das Ungewohnte und das nicht

17. Mobbing

im Trend Liegende werden zur Zielscheibe von Diskriminierung, die auf der Seite der Täter Unsicherheit oder Rivalität im Kampf um Ansehenszugewinn zur Ursache hat und auf der Seite der Opfer zum Verlust von Selbstvertrauen und zum Einstieg in eine Spirale aus Angst und sozialem Rückzug führt.

Dabei gibt es durchaus Überschneidungen zwischen Mobbing und deutlicherer Gewalt gegen Menschen und Sachen, wenn im Umkleideraum in die Jackentasche oder in den Turnschuh uriniert wird, wenn ein neuer Anorak unabwaschbar mit einem Filzstift bemalt oder ein gerade zum Geburtstag geschenktes Fahrrad demoliert wird, oder wenn ein glühender Bleistift auf der Hand eines missliebigen Mitschülers ausgedrückt wird.

Eine Studie an 47 schleswig-holsteinischen Schulen hat ergeben, dass eines von zehn Kindern ständig von Mitschülern schikaniert wird, dass es nur jedes dritte dieser Mobbing-Opfer wagt, einen Lehrer auf seine Not hinzuweisen, und dass nur jeder vierte Lehrer von sich aus Schüler anspricht, die ständig gemobbt werden. Die Mehrheit der gemobbten Schüler leidet und schweigt zugleich aus Furcht, alles könne sonst noch schlimmer werden. Einerseits sind sie so eingeschüchtert, dass sie sich nicht zu wehren wagen, und andererseits wollen sie nicht, dass sie zum Gesprächsgegenstand zwischen Lehrer und Klasse werden. Ihnen ist dieses Outen höchst peinlich. Wir wissen aber, dass die Situation von Mobbing-Opfern nur verbessert werden kann, wenn Täter, Opfer und Zuschauer gemeinsam unter der Moderation von Erwachsenen auf das Problem zugehen,

- indem solche Mobbing-Situationen noch einmal veranschaulicht werden,
- indem die Täter sodann mit ihren Taten bewertend konfrontiert werden,
- indem die Opfer gestärkt werden, also neues Selbstvertrauen gewinnen, und Verhaltensalternativen für spätere ähnliche Situationen gewinnen und über Rollenspiele eintrainieren können
- und indem die Zuschauer die Notwendigkeit einsehen, sich einzumischen, und indem sie in die Lage versetzt werden, sich als „Streitschlichter" oder „Konfliktlotsen" deeskalierend und problemlösend zu verhalten. Streitschlichter müssen übrigens nicht nur die Zuschauer auf der Schülerseite werden, auch die Lehrer müssen dringend so etwas im Rahmen der Lehrerfortbildung lernen.

Mobbing muss vor allem in den Augen der Gleichaltrigen verpönt werden, damit es als Gewaltphänomen in Schulklassen zurückgeht.

18. Gewalt gegen Sachen

- *Kinder, die in einer allzu perfekt geordneten und geregelten Umwelt aufwachsen, neigen in ihren Spielen zum Demontieren und Zerstören, während Kinder in Nachkriegszeiten zerstörter Gebiete eher zum Konstruieren und Aufbauen tendieren.*
- *Die Gewalt gegen Sachen nimmt in dem Maße zu, wie der Respekt vor Eigentum und dem Wert von Dingen abnimmt.*
- *Eltern müssen ihren Kindern vermitteln, wie schwer es ist, sich etwas zu erarbeiten, zu haushalten oder materielle Wünsche zu erfüllen, damit auch in ihrem Bewusstsein Sachen einen Wert bekommen.*
- *In einer ausufernden Konsumgesellschaft sinkt die Freude über materiellen Zugewinn, und das erhöht die Gewaltbereitschaft gegen Sachen.*
- *Für viele junge Menschen ist Gewalt gegen Sachen das Äußerste, zu dem sie bereit sind. Gewalt gegen Menschen bleibt für sie tabu; für andere beginnt die Gewalt gegen Menschen mit der Gewalt gegen Sachen.*
- *Oft wird die Gewalt gegen Sachen gerichtet, obwohl eigentlich Menschen gemeint sind.*

Für viele Kinder und Jugendliche ist die Gewalt gegen Sachen das Äußerste, zu dem sie neigen. Sie mobben andere, setzen gelegentlich Sprachgewalt ein, treten manchmal im Affekt gegen Türen, werfen schon mal absichtlich eine Scheibe ein, brechen Kleiderhaken ab, weil das so schön knackt, werfen aus Übermut Parkbänke um, reißen die Hörer in einer Telefonzelle vom Apparat ab, schlitzen Sitze in Bussen oder Bahnen auf, hinterlassen ihre Tags auf weißen Wänden oder sprühen Graffiti-Pieces gegen eine Betonmauer, oder sie setzen einen Papierkorb in Brand. Besonders prickelnd ist es für sie, einen Kanonenschlag in ein offenes Fenster zu werfen. Aber die körperliche Gewalt gegen Menschen ist für sie tabu, das geht ihnen zu weit, hier greift die Grenze, die ihnen erzieherisch zuvor vermittelt wurde.

Es gibt aber auch junge Menschen, die mit der Gewalt gegen Sachen erst so richtig in die Gewaltspirale einsteigen. Sie fangen mit Zerstören an und bauen dieses frustabbauende und in ihrer Peer-Group rangordnungsbildende Element dann mit Zuschlagen, mit dem Einsatz von Kampfsporttechniken und mit Waffen aus.

Die Gewalt gegen Sachen geht vielfach einher mit dem Bagatellisieren von materiellen Werten. In unserer ausufernden Konsumgesellschaft bedeutet für viele Kinder der Respekt vor Eigentum und vor Teurem nicht mehr viel. In dem Maße, wie ihnen jeder materielle Wunsch sofort erfüllt wird, und in dem Maße, wie sie die Verbrauchs- und Wegwerfgesellschaft internalisiert haben, hat ihre Freude über ein hochwertiges ferngesteuertes Auto, über aufwendige Klamotten und über ein üppiges Taschengeld gleichzeitig dramatisch abgenommen, zumal wenn sie nie selbst mit Geld wirtschaften mussten, wenn sie nie erlebt haben, wie lange man für 50 Euro arbeiten muss.

Wenn Eltern nicht ein mühsames Haushalten vorleben, wenn ihre Kinder nicht miterleben, dass jeder Euro erst zweimal umgedreht werden muss, bevor er dann mit viel Schmerz ausgegeben wird, dann bedeutet ihnen der Wert eines Kotflügels, eines Fahrrades oder einer Telefonzelle nicht viel, zumal wenn ihnen der wahre Besitzer ganz abstrakt, also anonym verborgen bleibt oder wenn sie wissen, dass eine Parkbank und ein Papierkorb oder auch ein Supermarkt eigentlich niemandem persönlich gehören, der unter den Schäden selbst leidet, sondern der Allgemeinheit oder einem Konzern. Jedenfalls wird beispielsweise an deutschen Schulgebäuden jährlich ein Schaden von etwa 130 Millionen Euro angerichtet.

Erst wenn sie schon früh am eigenen Leib spüren, wie mühselig man sich etwas zusammensparen muss, wie lange es dauert, bis man sich einen Wunsch erfüllen kann, mit wie vielen Sorgen ihre Eltern eine neue Sitzgarnitur oder ein Auto abzahlen, wie knapp das Taschengeld gegen Ende der Woche oder des Monats wird oder wie anstrengend es ist, sich ein paar Euro durch das Austragen für ein Blumengeschäft oder von Zeitungen, durch Babysitting, Rasenmähen oder Auffüllen von Warenhausregalen zu verdienen, wächst das Gefühl für materielle Werte. Es wächst aber auch, wenn man erpresst oder bestohlen wurde, wenn man etwas besonders Teures verloren hat oder wenn man mit großem Aufwand in stundenlanger Arbeit etwas gebaut hat, was dann ein anderer gedankenlos oder gar mutwillig in wenigen Sekunden zerstört.

Wir unterscheiden das wahllose Zerstören, bei dem Wut gegen einen zufällig in der Nähe befindlichen Gegenstand gerichtet wird (das Spielzeugauto wird zertreten, weil man sich über Mamas Aufforderung zum Abwaschen geärgert hat), das zielgerichtete Zerstören (die Tür wird eingetreten, weil sie abgeschlossen ist und den kürzesten Weg versperrt), das kompensatorische Zerstören (man meint Mama, schlägt aber nicht sie, sondern zerschlägt stattdessen ihre Lieblingsvase), das soziale Zerstören (man ärgert sich über die Wohnungsbaugenossenschaft und legt deshalb Feuer im Müllraum, oder man wagt es, eine Telefonzelle zu zerstören, um mit dem dadurch bewiesenen Mut Aufnahme in eine Jugendgruppe zu finden, oder man traut sich, den Lack von 20 hintereinander parkenden Autos zu zerkratzen oder deren Reifen zu zerstechen, um mit diesem „Reiz des Prickelnden", mit dieser Bereitschaft, das Verbotene zu tun, eine höhere Anerkennung als zuvor innerhalb der Rangordnung der Gleichaltrigen zu gewinnen) sowie das politisch motivierte Zerstören (Gewalt gegen Shell-Tankstellen wegen der Meereszerstörung durch Bohrinseln; ein Brandanschlag auf das Haus einer örtlichen Parteizentrale).

In die letzten beiden Rubriken der sozial und politisch motivierten Zerstörung gehört auch, wenn Neonazis Grabsteine auf einem jüdischen Friedhof umkippen oder mit Hakenkreuzen besprühen, wenn Skinheads die Scheiben eines Obst- und Gemüsegeschäfts einschlagen, das einem Türken gehört, oder wenn Graffiti-Sprayer die trostlosen grauen Betonmauern in ihrer Trabantenstadt mit ihren künstlerisch gesehen oft sehr anspruchsvollen Werken „verschönern" wollen.

Weil die Gewalt gegen Sachen in der Regel geringer bestraft wird (sieht man einmal von eventuell folgenden hohen Wiederinstandsetzungskosten ab) als die Gewalt gegen Menschen, weil ihre Täter häufiger unentdeckt bleiben, da die Polizei bei der Gewalt gegen Menschen einen größeren Verfolgungsaufwand betreibt, und weil sie in der Öffentlichkeit eher als „Kavaliersdelikt" oder als pubertätsbedingtes Rowdytum eingeordnet wird, liegt die Hemmschwelle beim Vandalismus wesentlich niedriger als beim Zuschlagen, also bei der Körperverletzung.

Die Zahl der Gewalttaten gegen Sachen ist somit weitaus höher als die der Gewalttaten gegen Menschen. Kaufhausdiebstähle, mutwilliges oder fahrlässiges Zerstören und das Abziehen oder Abpressen von Klamotten, Geld, CDs, MP3-Playern, Handys oder auch von Schulbrot und Büchern spielen daher in den Kriminalitätsstatistiken eine größere Rolle als Körperverletzungen, Waffenmissbrauch und Tötungsdelikte.

Zur Gewalt gegen Sachen gehört übrigens auch der Aspekt der Fehleinschätzung von Situationen, was oft aus einem unstimmigen Weltbild heraus erwächst: Da wird nur ein wenig mit Feuer gespielt, indem die im Hausflur liegenden Wochenzeitungen angesteckt werden; am Ende brennt aber das ganze Haus, und mehrere Menschen kommen dabei um. Da wird mit geringer krimineller Energie, um einen Freund zu imponieren, „nur" eine Vase aus einem Museum geklaut, aber am nächsten Tag steht in der Zeitung, dass sie vor 5000 Jahren in China hergestellt wurde und mindestens 50 000 Euro wert ist. Und da wird eine Eisenstange aus Abenteuerlust auf die Schienen gelegt, woraufhin der nächste Zug entgleist, so dass 50 Menschen schwer verletzt werden.

Es kann jedoch auch genau umgekehrt sein; man will absichtlich mit geringem Aufwand und wenig materiellem Schaden ein Höchstmaß an Betroffenheit und größtmöglicher öffentlicher Aufmerksamkeit bewirken, die zu maximaler Anerkennung und Rangordnungsaufstieg in der eigenen Jugendkultnische führen. Wer Hakenkreuze an eine Synagoge malt oder wer als 13-Jähriger mit einem gleichaltrigen Freund als Crash-Kid einen roten Porsche klaut und damit mit 280 Stundenkilometern über die A 24 von Hamburg nach Berlin rast, verfolgt von der Polizei, und erst nach 300 km gestoppt wird, kann sich eines gewaltigen Medienrummels gewiss sein und damit auch der Bewunderung seiner Freunde. Das berüchtigte Hamburger Crash-Kid René ließ sich sogar Visitenkarten drucken, um sie Journalisten geben zu können, die Interviews mit Honorarangeboten von ihm wünschten …

19. Zuschlagende Gewalt

- *Schläger sind in Bezug auf Schläge abgestumpft.*
- *Schläger wird man, wenn man zuvor selbst oft geschlagen wurde.*
- *Oft geschlagene Menschen neigen dazu, ihr Leid mit anderen zu teilen, indem sie andere auch zu Opfern von Schlägen werden lassen.*
- *Wer oft im Spiel schießt und wer oft sieht, wie andere erschossen werden, trainiert sich seine Tötungshemmung weg.*
- *Es ist leichter, mit einer Pistole auf einen Menschen zu schießen als mit einem Messer in ihn hineinzustechen oder mit einem Faustschlag sein Gesicht zu treffen.*

Als zwei junge Menschen vor einiger Zeit mit Waffen in die Schule von Littleton in den USA stürmten und zwölf Schüler und einen Lehrer töteten sowie viele Jugendliche schwer verletzten und traumatisierten, fragten sich weltweit viele Menschen, wie es dazu kommen konnte. Sofort wurde wieder die Mediengewalt als ursächlicher Faktor in die Diskussion eingebracht, und Psychologen behaupteten, jahrelanges Erschießen von Menschen in Gamboys, Playstations und Computerspielen sowie die häufigen Morde in Fernseh- und Videofilmen würden die jedem Menschen innewohnende Tötungshemmung langsam wegtrainieren, d.h., Tötungsmechanismen würden durch die häufige Wiederholung im Spiel und durch Zuschauen zunehmend verinnerlicht.

Ein amerikanischer Militärpsychologe wies darauf hin, dass man sich dieses Wegtrainieren der Tötungshemmung sogar in der Armee zu Nutzen mache, indem man Rekruten stundenlang auf Simulationsmonitore, über die menschliche Wesen laufen, schießen lasse; und die Bereitschaft abzudrücken würde dabei von Tag zu Tag wachsen. Denn dreierlei müsse zusammenkommen, damit das Abschießen von Menschen auch wirklich gelingt:

- Man braucht den Willen zum Töten,
- man braucht eine reduzierte Tötungshemmung,
- und man benötigt eine Waffe, die das Töten erleichtert.

Im Ersten und Zweiten Weltkrieg haben viele Soldaten mit ihrem Gewehr absichtlich daneben oder in die Luft geschossen, weil ihre Tötungshemmung noch auf dem menschlich normalen hohen Niveau lag. Mit einem Messer jemanden umbringen zu wollen, erfordert einen wesentlich höheren Überwindungsaufwand und eine wesentlich geringere Tötungshemmung als mit einer Pistole oder einem Gewehr, bei dem nur mit einem geringen Druck der Abzug zu betätigen ist. Je dümmer jemand ist, desto geringer ist übrigens die Tötungshemmung; sie kann auch durch extreme Wut oder durch überlang aufgestaute Aggressionen reduziert werden, aber auch durch häufige Wiederholung, und sei es per Simulation, im Spiel oder durch ständiges passives Konsumieren von Gewalt als Zuschauer.

Modell- oder Imitationslernen spielt also eine gewichtige Rolle im Vorfeld der Entscheidung für Gewalt gegen Menschen, aber auch die Unfähigkeit, seinen Frust derart sinnvoll auszugleichen, dass man sich mit Argumentieren und angemessenem Handeln entscheiden, wehren, behaupten und durchsetzen kann. Erst über häufig vorgelebte, durch Bewertung gestärkte und vielfach eingeübte positive Verhaltensalternativen wird die zuschlagende oder Waffen einsetzende Gewalt in der erforderlichen Weise verpönt und unmöglich gemacht. Strafen bewirken dabei übrigens weniger als die Abwertung durch Bezugspersonen und Gleichaltrige; und Erfolge durch sinnvolle Verhaltensalternativen bringen mehr als Moralpredigten oder ein Fernsehverbot.

Die Bildschirmgewalt muss sich nämlich keineswegs schlimm auswirken, wenn sie nur gering dosiert in die Seele des Kindes gelangt und wenn sie mit Gespräch begleitet und relativiert wird.

Wie wir wissen, wird niemand zum Schläger, wenn er nicht zuvor oft selbst geschlagen wurde. Deshalb ist das Verbot, das der Deutsche Bundestag in Bezug auf das Schlagen von Kindern ausgesprochen hat, mehr als eine symbolische Geste; wenn es dazu beiträgt, dass nicht mehr so viele Kinder wie bisher und andere nicht mehr so oft geschlagen werden, dann wird auch dieser Mechanismus entscheidend durchbrochen. In Russland oder auch in England werden noch sehr viele Kinder von ihren Eltern und auch von ihren Lehrern geschlagen; kein Wunder also, dass sich in diesen beiden Ländern Schlägerkarrieren immer wieder neu von Generation zu Generation weiter vererben, was dem Militär nützen mag, aber einer Ausweitung der Menschen- und Kinderrechte sowie der Gewaltprävention entgegensteht – ganz zu schweigen von einem kultivierten Zusammenwachsen Europas.

Wer am eigenen Leibe immer wieder schmerzhaft gespürt hat, was Zuschlagen und auch sexueller Missbrauch bedeuten, der gewöhnt sich nicht nur ein Stück weit daran, der ist auch geneigt, sein Leid mit anderen zu teilen. Also wird seine Hemmschwelle dafür, Gewalt auch anderen Menschen zuzufügen, deutlich herabgesetzt. Im Fall von Frust wird er dann als Reaktion unbewusst immer wieder das einsetzen, was ihm selbst oft widerfahren ist, es sei denn, er stemmt sich mit einer ganz bewussten Entscheidung gegen diese selbst durchlittenen Verhaltensmuster. Nur etwa zehn Prozent der Menschen handeln auf diese Weise gegensätzlich. Auf die große Mehrheit jedoch färbt Gewalt ab und wird durch häufige Wiederholung eher alltäglich, also normal, so dass es zur Abstumpfung kommt.

Insofern sind viele kleine gewaltreiche Lebenswelten eines einzigen Tages in einem „Multiproblemmilieu" zusammen sehr gewaltfördernd. Wer täglich von seinen Eltern und Geschwistern geschlagen wird, wer schon im Kindergarten und später in der Schule oft verprügelt wird, wer überdies Mitglied einer häufig zuschlagenden Bande oder Neonazigruppe wird oder ständig das Gangbanging dieser Gruppen in seiner Nachbarschaft hautnah miterlebt, wer darüber hinaus täglich auf dem Bildschirm sieht, wie seine Helden ihre Probleme mit Waffen und Fäusten lösen, und wer ergänzend zu alledem im Verein Kampfsporttechniken einstudiert, der ist schnell bereit, dieses ihm zur Verfügung stehende Schlagpotenzial auch bei geringfügigen Anlässen einzusetzen, es sei denn er hat in seinem Karate-, Judo-, Kickbox- oder Taekwondo-Club von dem hohen friedlichen Ethos profitiert, das gemeinsam mit den Schlag- oder Ringtechniken als Ehrenkodex vermittelt wird.

Mitfühlenkönnen ist das beste Gegenmittel gegen zuschlagende Gewalt. Und so bemühen sich viele Pädagogen und Polizisten um den „Täter-Opfer-Ausgleich", also um das Konfrontieren des Täters mit dem, was er angerichtet hat. Wenn das Opfer nicht abstrakt, also nicht anonym bleibt, wenn der Täter an das Krankenbett des blutenden und wimmernden Opfers gebracht wird, wenn er dort zugleich die weinende Mutter oder Ehefrau des Opfers erlebt oder wenn er bei verheerenden Spätfolgen seiner Tat nach längerer Zeit die durch ihn angerichtete Behinderung des Opfers sowie die sozialen und wirtschaftlichen Folgen für dessen Familie miterlebt, dann erst beginnt oft sein Mitgefühl.

20. Wenn junge Menschen „cool" sein wollen

- *Wenn Jungen mit mehr brutaler Männlichkeit als liebevoller Väterlichkeit konfrontiert werden, bleiben sie emotional so schwach entwickelt, dass sie sich cool gebärden müssen.*
- *Die sexuelle Emanzipation der Hippie-Bewegung führte in den Jahren von 1968 bis 1978 zu einem höheren Selbstwertgefühl der Jungen, die es sich damit auch leisten konnten, weicher zu wirken.*
- *Immer mehr Jungen und Männer haben Angst davor, dass Nähe, Emotionalität, Körperkontakt und das Zeigen von Gefühlen als weich, feminin, pädophil oder als Sexualstraftat missverstanden werden könnten.*

„Cool", also eigentlich „kalt" oder zumindest „kühl" sein zu können, ist bei Jugendlichen zur Zeit ein hoher Wert; auf jeden Fall ist „cool" für sie ein positiv besetzter Begriff. Nun könnte man einwenden, dass es beim Coolsein weniger darum geht, kalt zu sein, als vielmehr darum, einen „kühlen Kopf" zu bewahren, also bedacht und überlegt in dieser schnelllebigen Welt auf die Masse der einstürmenden Reize, Herausforderungen, Grenzsetzungen und Versagenserlebnisse zu reagieren, und das sei doch allemal gut.

Aber Coolsein ist leider auch dann noch für Jugendliche etwas Positives, wenn uns Erwachsenen die einhergehende äußere Emotionslosigkeit, die Distanz und der Verzicht auf Zeigen von Gefühlen in Mimik, Gestik und Sprache zu weit geht. Wir ahnen, dass den jungen Menschen diese Fassade der Kälte selbst nicht guttut, dass sie dahinter ihre Hilflosigkeit, ihr geringes Selbstwertgefühl und ihre Sehnsucht nach Liebe, nach Zuwendung, nach Geborgenheit, nach Humor und nach Nähe und Wärme nur zu verbergen versuchen. Wenn das so ist, müssen wir ihnen helfen, dann müssen wir ihre nach außen dargestellte brutale Männlichkeit als Ruf nach mehr liebevoller Väterlichkeit entlarven, und dann müssen wir ihnen Wege aufzeigen, mit denen sie im Inneren gestärkt werden, damit sie außen nicht mehr so viel Stärke mit Machohaftem, Coolem und martialischer Aufmachung vortäuschen müssen. Ihre coole Fassade schützt sie zwar ein Stück weit im Sinne eines Imponiergehabes vor Anfeindungen und Überforderungen, aber eigentlich möchten sie viel lieber offen sein, anderen gefallen, für liebenswert erklärt werden, charmant und höflich sein und sexy wirken. Eigentlich möchten sie kommunikativ stark, sozial erfolgreich, flexibel und kreativ sein, weil sie genau wissen, dass sie dann sowohl bei ihren Flirts und in ihrem Verliebtsein bessere Karten haben als auch in ihrem späteren beruflichen Werdegang. Nur wissen sie nicht, wie sie das hinkriegen können, und so verbergen sie ihre Unsicherheit und ihre innere Schwäche lieber hinter der Scheinfassade der coolen Außenwirkung.

Mit dem Abebben der Bejahung von weichen äußeren Zügen, nach den 1970er Jahren, und mit dem durch mehrere Zuwanderungswellen bedingten Import von Macho-Idealen aus anderen Kulturen (beispielsweise aus den islamischen Staaten) sowie mit dem Wiederaufleben der an Westernidolen anschließenden Söldner-, Cop- und Kämpfer-Kultur in amerikanischen Action-Filmen wurden die Haare wieder kürzer, wurden Bomberjacken, Springerstiefel, Ketten, Schlagringe, Ninja-Sterne, Butterflymesser, Klappmesser, Tattoos, Piercings sowie Kampf- und Kraftsport wieder wichtiger, zumal für deutsche Jungen in Stadtteilen, in denen überwiegend türkische Familien lebten. Für Letztere ereignete sich Integration gleichsam in die andere Richtung, also hin zur Überbetonung von Macho-Idealen, zu denen eben auch gehört, dass Freundinnen als persönlicher Besitz verstanden werden.

Mit der Diskussion um sexuellen Missbrauch wuchs zugleich die Angst der Männer in der Erziehung, sie könnten als weich, feminin, schwul, pädophil oder gar als Sexualstraftäter missverstanden werden, so dass sie sich zunehmend aus den verdächtig gewordenen Dimensionen Emotionalität, Nähe und Körperkontakt sowie dem Offenbaren von Gefühlen zurückzogen und heute eher eine unverdächtig deutliche Männlichkeit als eine liebevolle Väterlichkeit repräsentieren. Für kleine Jungen hat sich damit ein Wandel der Identifikationspersonen auf der Suche nach ihrer Männlichkeitsrolle ergeben. Und abgesehen davon, dass Männer in ihrem Leben immer seltener vorkommen, weil sie oft keinen Vater mehr haben und im Kindergarten und in der Schule vorwiegend weibliche Bezugspersonen vorfinden, bekommen sie auch noch eine deutlich geringere Zuwendung zu ihrer rechten Hirnhälfte als Mädchen, denen diese Zuwendung zwar auch sehr nützt, die sie aber bei weitem nicht so nötig haben wie die kleinen Jungen, die mit ihrer schwachen Brücke zwischen linker und rechter Hirnhälfte, ihrer größeren Zerbrechlichkeit und Krankheitsanfälligkeit sowie ihrem Entwicklungsrückstand viel schlechter in sich einen Ausgleich finden können als die Mädchen.

Solange unsere häuslichen Erziehungsweisen und unsere schulischen Belehrungsmethoden sich vor allem nur an die linke Hirnhälfte richten, in der das Rationale, das Logische und das Vernünftige sitzen, solange wir also insbesondere nur das ausführende Organ des Gehirns herausfordern und entwickeln, müssen vor allem Jungen auf der Strecke bleiben.

Ihre rechte Hirnhälfte bleibt unterentwickelt und schwach, so dass es ihnen im Unterschied zu Mädchen viel mehr an emotionalen, sozialen, kommunikativen und kreativen Kompetenzen mangelt. Dieses Defizit müssen sie dann mit Coolsein kaschieren, ihren Frust müssen sie deshalb eher mit Aggressionen herauslassen, wozu ihnen ihr Y-Chromosom, das den Mädchen ja fehlt, dann auch noch die nötige Power verleiht.

Mädchen können auch cool sein, vor allem wenn sie als Fotomodelle den Erwartungen einer Machowelt zu entsprechen haben; aber sie können auch wieder sehr viel müheloser als Jungen ihre Rolle in Richtung weich, feminin, emotional, kommunikativ und sozial wechseln, auch weil ihnen das viel eher zugestanden wird als Jungen, so wie es ihnen leichter gemacht wird, lesbisch sein zu dürfen, als Jungen, ihr Schwulsein auszuleben.

Vielleicht hilft ja eine künftige Quotenregelung für Kindergärten, Vorschulen und Grundschulen, damit neben qualifizierten Frauen auch Männer, die liebevolle Väterlichkeit zu repräsentieren vermögen, in diesen Einrichtungen wirken. Zum Glück wird jedenfalls über viele amerikanische Filmserien, die über die deutschen Bildschirme laufen, liebevolle Väterlichkeit als Orientierungsbezug für vaterlos aufwachsende kleine Jungen gestaltet.

21. Gewalt zwischen Abenteuerlust und Bedürfnis nach Anerkennung

- *Jedes Kind möchte etwas lernen, etwas können und von anderen Menschen gemocht werden.*
- *Jugendliche haben das Bedürfnis, ihre Möglichkeiten und Grenzen durch Wagemut auch gegenüber der eigenen Angst auszutesten.*
- *Wer nicht auf gesellschaftlich anerkannte Weise tüchtig oder beliebt sein kann, versucht oft, zumindest mit Verbotenem einen Ansehenszugewinn in einer abartigen Nische zu erreichen.*
- *Wer den Schritt in das verbotene Land wagt, um Orientierung zu gewinnen, braucht dringend eine Reaktion, weil er sonst kein stimmiges Weltbild aufbauen kann und weil er sonst noch weiter gehen muss, in der Hoffnung, dass endlich einmal etwas passiert.*

Einen Krimi auf dem Bildschirm oder im Kino zu sehen, ist für viele Menschen spannend. Sie können wenigstens in ihrer Phantasie erleben, was sie in Wirklichkeit nicht leben dürfen, es sei denn als Opfer. Wer Gewalt in einem Action-Film sieht oder es selbst wagt, etwas Verbotenes zu tun, bekommt es mit seiner Angst zu tun; er testet diese Angst aus, indem er sich fragt, wie er in der Rolle des Täters mit ihr umgehen würde, oder er wagt selbst den Grenzübertritt. Die Grenze zwischen Wagemut und Angst auszuprobieren, nennen wir Abenteuerlust; es geht dabei um den Reiz des Prickelnden. Wenn andere das Verbotene tun oder wenn man selbst den Grenzübertritt wagt, dann ist daran interessant, ob es gut ausgeht oder ob das Böse zur Strecke gebracht wird, ob der Täter gewinnt oder die Polizei, ob Körperkraft, Waffen, Fluchtstrategien, Intelligenz oder Dummheit und Fehlermachen obsiegen.

Mit Abenteuerlust und Wagemut testet man die Möglichkeiten und Grenzen von sich, von anderen und von der dinglichen Welt aus. Das kann man erlaubt tun, indem man mit dem Floß den Atlantik überquert, indem man 8000 Meter hohe Berge erklimmt, indem man Drachenfliegen, Fallschirmspringen oder „Canyoning" (das Begehen von Schluchten) betreibt, man kann sich aber auch in das verbotene Land wagen, indem man im Warenhaus klaut, indem man jemandem anonym eine riesige Pizza bestellt oder indem man jemanden erpresst.

Vieles, was junge Menschen tun, dient dem Versuch, mit Gefahren oder Risiken die Balance zwischen dem eigenen Ich und den Zurückweisungen durch andere, durch die Gesellschaft oder durch die Natur zu finden. Aber irgendwann muss dieser Prozess dann im Alter von Heranwachsenden abgeschlossen sein, und zwar durch ein dann erworbenes stimmiges Weltbild.

Nicht normal ist hingegen, wenn auch noch ein 60-Jähriger die Antarktis durchquert, eine Bank überfällt oder sich nachts in einem Industriegebiet als

Auto-Cruiser betätigt, weil er dann irgendwie seine Pubertätsphase, in der Grenzerfahrungen zu sammeln entwicklungspsychologisch notwendig ist, noch nicht abgeschlossen hat.

Weil die Abenteuerlust auch immer etwas mit der Suche oder gar der Sehnsucht nach Grenzerfahrungen zu tun hat, müssen die Grenzerfahrungen auch unbedingt gemacht werden. Wer Jugendliche mit diesem Bedürfnis nach sichtbar werdenden Grenzen allein lässt, indem er als verantwortlicher Erwachsener immer nur zurückweicht oder indem er die Grenzen täglich anders, also inkonsequent setzt, versündigt sich an ihnen, auch wenn er es eventuell sogar gut meint gemäß dem Motto: „Sie sollen Alleingelassensein als Selbstständigkeit verstehen lernen."

Mit Abenteuerlust will man jedoch nicht nur sich selbst – im Grunde genommen narzisstisch – in seinen Möglichkeiten und Grenzen austesten sowie Gesellschaft und Natur auf die Probe stellen; wichtig ist offenbar auch, den Wagemut anderer zu überprüfen, indem von ihnen Mutproben als Aufnahmeritual in die Gruppe verlangt werden oder indem man ihnen nur dann einen Rangordnungsaufstieg in der Gruppe zugesteht, wenn sie sich Schlimmes zu tun trauen.

Wer den Mut aufbringt, als Hooligan jedes Wochenende Fans des gegnerischen Fußballvereins zu verprügeln oder Feuerwerkskörper in die voll besetzten Zuschauerränge zu werfen, ohne dass die Polizei ihn schnappt, wer als Skinhead wagt, einen Brandsatz in ein von Asylbewerbern bewohntes Haus oder einen Molotowcocktail durch die Scheibe einer Synagoge zu werfen, wer sich als Gruftie untersteht, einen Grabstein vom Friedhof zu klauen, um damit sein Zimmer zu dekorieren, kann sich zumindest in seiner Nische eines hohen Ansehenszuwachses gewiss sein.

Kinder, die nicht tüchtig sein können, weil sie nicht gut Handball spielen und weil sie auf dem Skateboard ungelenk sind, weil sie nicht gut rechnen und weil sie den Computer nicht beherrschen, wollen zumindest beliebt sein, so dass sie Spielzeug, Süßigkeiten und Geld verschenken und immens in ihr Outfit investieren. Wenn ihnen auch das nicht gelingt, wollen sie wenigstens gut schummeln, aufschneiden, klauen oder zuschlagen können, um wenigstens irgendwo irgendwelche Leistungen zu erbringen, mit denen sie von einigen Gleichgesinnten anerkannt werden.

22. Faszinierende und erotisierende Aspekte von Gewalt

- *Manche Frauen reagieren wie Vogelweibchen: Sie sind von der Gewaltfähigkeit der Männchen fasziniert, weil sie für ihren Nachwuchs immer das stärkste Erbgut auswählen wollen.*
- *Wer durch extreme Gewalt gegen den eigenen Körper selbstbefriedigt wird, geht so schlecht mit sich selbst um, dass er anderen dieses Schicksal auch zumutet.*
- *Wer in kürzester Zeit endlich einmal auf sich aufmerksam machen will, sucht sich die spektakulärste aller denkbaren Gewaltaktionen aus; dann sind ihm die Schlagzeilen sicher.*
- *Fallschirmsprünge sind vom Überleben gekrönte Selbstmordversuche.*

Bei Tieren ist es so: Wer als Männchen in Sachen Gewalt einem Rivalen gegenüber besonders bedrohlich und gewaltig wirkt, imponiert dem Weibchen am meisten. Sie wählt sich auf diese Weise das stärkste Erbgut für ihren Nachwuchs aus. Das Weibchen wird durch die Gewalt des Männchens paarungsbereit, sie entspricht dem Stimulationsbedürfnis des Weibchens. Und wie ist das bei Menschen?

Auch hier gilt: Wer kräftig ist und durchsetzungsstark zu sein vermag, beeindruckt und fasziniert damit andere. Gewalt hat auch eine erotische Dimension. Manche Mädchen fühlen sich von Muskelpaketen angezogen, wobei es aber zunächst einmal um eine schützende Gewaltfähigkeit geht und noch nicht um den Gewalteinsatz, denn bodygebildete und kampfsportbewährte Männer sind ja oft ausgesprochen friedfertig in ihrem Lebensalltag, auch weil sie ohnehin schon sehr selbstsicher auftreten. Und diese Kombination aus Gewaltfähigkeit und Friedfertigkeit macht viele Männer attraktiv für Frauen und Jungen für Mädchen. „Du bist mein riesengroßer Teddybär", sagen sie dann, und damit meinen sie die Kombination aus Stärke und Zärtlichkeit.

Wenn aber Frauen zu Box- und Ringkämpfen gehen und Mädchen Wrestling-Shows auf dem Bildschirm verfolgen, dann geht es oft schon ein Stück weiter um die Faszination von Stärke plus erotischer Ausstrahlung. Dass sich Menschen so zu wehren vermögen, dass sie den Mut zu einem derartigen Gewalteinsatz haben, das macht auf viele Zeitgenossen Eindruck. Für viele Jungen und Männer sind starke Waffen ein Faszinosum, eventuell auch ein Penisersatz, sie zieren sich damit, und sie sammeln sie.

Gewalt ist in manchen Nischen ein hoher Wert, sie ist dort „in" oder „chic", und sie liegt im Trend der Medienberichterstattung. Wer endlich einmal nach einem niederlagenreichen Leben im Mittelpunkt stehen will, wer in kürzester Zeit Aufmerksamkeit erlangen will, der muss sich nur eine besonders spektakuläre oder eine besonders abartige Tat aussuchen, und schon beherrscht er die

Schlagzeilen. Manchmal bricht das Spektakuläre aber auch ganz unerwartet wie ein Vulkan aus, nachdem es jahrelang in der Seele des Täters schlimm gebrodelt hat.

Zwar mag es vorausgehende kleine Beben gegeben haben, die mit einem Frühwarnsystem hätten erkannt und auf ihre Ursachen zurückgeführt werden können, aber da die Vorbeben nicht ernst genommen wurden, passiert dann etwas ganz Schreckliches: Eine Welle der Gewalt von Schülern gegen Lehrer wird zum Anlass genommen, sich dranzuhängen und mit einer Pistole in einen Klassenraum zu stürzen; eine Welle von extremer Schülergewalt gegen Mitschüler wird genutzt, um für sich selbst auch dieses Ventil zur Ableitung des inneren Überdrucks zu wählen.

Mit Gewalttätern ist oft schon früh sehr schlecht umgegangen worden; in der Folge gingen sie dann auch schlecht mit sich selbst um, so dass sie innen schwach blieben, aber ihr Leid gern mit anderen teilen wollen. Sie möchten aus Rache auch andere zu Opfern werden lassen, damit sie mit ihrem eigenen Opfergefühl nicht so einsam dastehen. Also gehen sie auch schlecht mit anderen Menschen um; aber gut, also erfolgreich wollen sie wenigstens mit der Gewalt umgehen. Das macht sie zum Äußersten bereit, und das ist dann eventuell ein akribisch geplanter und inszenierter Mord. Manche empfinden im Moment der Tat sogar eine tiefe sexuelle Befriedigung, ihre Tat kommt einer Onanie, einer Selbstbefriedigung gleich. Wer bereit ist, Gewalt in extremer Form gegen sich selbst wirken zu lassen, indem er sich mit Messern anritzt oder indem er sich von einer Prostituierten auspeitschen lässt oder indem er mit dem Snowboard den Kilimandscharo abzufahren gedenkt, ist narzisstisch und masochistisch genug, Schmerzen in einer Weise zu bagatellisieren, dass er sie auch ohne Bedenken anderen konkreten Menschen oder der Gesellschaft zumutet. Daher sind Fallschirmsprünge im Grunde genommen lediglich vom Überleben gekrönte Selbstmordversuche.

Es muss also etwas Faszinierendes daran sein, sich eine Sicherheitsnadel durch die Wange, die Lippe, das Augenlid oder die Vorhaut zu stechen, sich Tannennadeln auf der Haut abzubrennen, mit den Füßen über glühende Kohlen zu laufen oder sich als S-Bahn-Surfer bei 80 Stundenkilometern auf das Dach des Zuges zu hangeln. Nur Menschen, die ihr eigenes Ich zu wenig kennen, neigen zum alleräußersten Risiko, in der Hoffnung, dass sie sich endlich einmal kennen lernen, zumindest aber spüren. Und genau diese innere Schwäche, diese Gefühlsarmut ist es, die sie auch gegenüber anderen gefühllos geraten lässt. Der Psychologe Ulrich Aufmuth, der seit Jahren Extrembergsteiger analysiert, kommt daher zu dem Schluss: „Die von konkreter Gefahr gekennzeichnete Grenzsituation am

Berg hebt vorübergehend den schmerzlich empfundenen Mangel an Ich-Identität auf, denn angesichts des Todes fragt man nicht mehr, wozu man lebt oder leben will."

Dies fragen sich Amokläufer eben auch nicht mehr. Ihnen ist wursch, ob sie bei ihrer Gewalttat selbst draufgehen, denn ihr eigenes Leben bedeutet ihnen genauso wenig wie das der anderen. Denn niemand kann andere mögen, wenn er sich selbst nicht mag.

23. Nichts ist abartig genug: Happy Slapping

- *Keine Nische ist abartig genug, als dass sich nicht noch einige Gleichgesinnte finden würden, um wenigstens in ihr Anerkennung zu finden.*
- *Die Mediatisierung unserer Gesellschaft schafft neue Gewaltfelder.*

Vor Jahren haben sich viele Zeitgenossen gewundert, wieso es „Grufties" gab, die eine Friedhofskultur betrieben. Es handelte sich um junge Menschen, die schwarz gekleidet und mit geweißten Gesichtern um Mitternacht zur Musik der englischen Gruppe „The Cure" um Gräber tanzten, mit Rotweinflaschen in der Hand, und danach in Särgen in ihrem mit Grabsteinen dekorierten Zimmer schliefen. Es hatte ein wenig von Frankenstein-Romantik, gepaart mit etwas Satanskult. Jugendforscher erklärten dann, nichts sei abartig genug, um auf der Suche nach Anerkennung nicht wenigstens unter ein paar Gleichgesinnten noch Rangordnungsaufstieg zu bieten, wenn man ansonsten in allen gesellschaftlichen Erfolgsfeldern ganz unten steht und sich als Verlierer wähnt.

In Hildesheim wurde ein 18-jähriger Schüler über Monate von Mitschülern einer Berufsschule, in der viele Jugendliche ohne Hauptschulabschluss in „berufsfördernden Maßnahmen" geparkt wurden, in den Pausen in einem Nebenraum gequält, und das Ganze wurde per Video aufgenommen und ins Internet gestellt.

Mit 17- bis 18-Jährigen gibt es mehr Probleme denn je: In einer beschäftigungsarmen Gesellschaft haben Schüler ohne Schulabschluss wenig Perspektiven. Sie finden keinen Ausbildungsplatz und nicht einmal einen Job, sie sind – wenn sie aus Zuwandererfamilien stammen – oft ein Stück weit entwurzelt und kommen mit der Kollision ihrer Herkunftswerte und der Werte unserer Gesellschaft nicht klar. Sie haben oft Schwierigkeiten, Freunde und Freundinnen zu finden. Sie stehen beim Übergang von der Jugend in das Erwachsenendasein mitten in einem niederlagenreichen Leben, ohne sich bereits selbst gefunden zu haben. Und wenn sie dann noch auf andere junge Leute mit ähnlichen Verliererschicksalen treffen, dann brauen sich negative Effekte zusammen.

Jeder der Täter in Hildesheim hätte die schlimme Tat auf sich allein gestellt gewiss nicht begangen, aber im Sog der Gruppe kann sich jeder hinter dem anderen verstecken. Zu entschuldigen ist die Misshandlung dennoch keineswegs. Konfrontation durch die Gesellschaft, durch die Schule und vor allem durch die Mitschüler ist vonnöten.

In erster Linie ist jedoch die betroffene Berufsschule gefragt. Die einjährigen Berufsvorbereitungsprogramme an den normalen Berufsschulen fassen in der Regel besonders schwierige Schüler in einer besonders ungünstigen Altersklasse zusammen, so dass die Mehrzahl der Zuschauer in diesen Klassen, die weder Täter noch Opfer sind, als Streitschlichter oder Konfliktlotsen gar nicht taugen, denn sie sind selbst allzu schwache Persönlichkeiten. Man sollte deshalb überlegen, ob man Schüler ohne Abschluss nicht besser mit erfolgreichen Schülern integriert, statt sie zu „Loser"-Gruppen zu separieren. Das zumindest könnten wir aus Skandinavien lernen.

Heute ist es in manchen Regionen schick geworden, Gewalttaten per Handy zu fotografieren und dann ins Internet zu stellen. „Handy-" oder „Happy Slapping" wird das genannt. Mit der deutschen Übersetzung tut man sich schwer. „Fröhliches Watschen" würde es wörtlich heißen; eine verharmlosende und irreführende Bezeichnung für eine besonders perfide Form der Gewalt.

Ein anderer Fall: In Bockenem (Landkreis Hildesheim) treten und demütigen drei Hauptschüler einen 15 Jahre alten Mitschüler. Auch sie filmen ihr Opfer und sich selbst dabei, und zwar per Handy.

Im Internet finden sich zahlreiche Beispiele dieser Art. Für den britischen Kulturforscher und Medienexperten Graham Barnfield, der sich als Erster in einer britischen Talkshow damit öffentlich auseinandersetzte, ist es ein Phänomen unserer Zeit, wenn auch ein sehr krankes: „Es ist das Abbild einer Gesellschaft, die immer voyeuristischer und exhibitionistischer wird, in der es keinen Respekt mehr vor dem Anderen, keine Empathie, keine Solidarität gibt."

Gespeist werden diese Auswüchse nach seiner Meinung von TV-Shows wie „Jackass" und „Big Brother", in denen Menschen – wenn auch freiwillig – öffentlich vorgeführt und bloßgestellt werden mitsamt ihren Schwächen, emotionalen Beschränkungen, ihren Ängsten und Nöten. Es sei Zuschauen aus sicherer Entfernung.

Die Schläger-Clique an der Hauptschule in Bockenem fühlte sich nicht vom Fernsehen zu ihren Gewalttaten inspiriert. Stattdessen hätten Gewaltvideos aus dem Internet, so sagten die Täter vor der Polizei aus, sie erst darauf gebracht, so etwas auch mal selbst zu inszenieren. Diese Minifilme sind böse Szenarien und jedem versierten Internetsurfer zugänglich: Eine Frau wird in einem Park überfallen, Jugendliche schlagen einen Obdachlosen zusammen, „weil er so dumm rumliegt", ein Kind wird von einem Fahrrad gezerrt usw.

Die Schweizer Autorin Eva Zeltner stellt in einem Buch mit dem provokanten Titel „Halt die Schnauze, Mutter!" denn auch die beängstigende Frage, ob wir alle uns nicht langsam einem Erziehungs-GAU nähern. „Schlimme Kinder, hilflose Eltern und Lehrpersonen"; ein Erziehungsnotstand, der in das fragwürdige Freizeitvergnügen gelangweilter und perspektivloser Jugendlicher und schließlich auch in „Happy Slapping" mündet – auch in der Schweiz.

Die Autorin weiß, wovon sie spricht. Sie wuchs als einziges Mädchen in einem Heim für verhaltensauffällige Kinder und Jugendliche auf. Ihr Vater war dort Heimleiter, sie selbst wurde Lehrerin für Jungen mit Erziehungsschwierigkeiten, bevor sie sich als Publizistin mit diesem Thema einen Namen machte.

Wir wissen: Niemand wird Gewalttäter, wenn er nicht zuvor selbst Opfer von Gewalt war. Kinder, die von ihren Eltern geschlagen und vernachlässigt werden, die unter der Scheidung ihrer Eltern oder unter der stets weinenden, depressiven, alkohol- oder drogenkranken Mutter leiden, die kaum Freunde und Freundinnen finden, die sich selbst nicht mögen, die häufig schlechte Noten bekommen, sitzen geblieben sind, keinen Schulabschluss erreichen, keine Ausbildung und keinen Job finden, die sich ohne sinnvolle Interessen und Perspektiven langweilen und zudem viel Gewalt sehen und spielen und die dann noch in „Multiproblemmilieus" in ungünstige Cliquen gelangen (die Jugendlichen der Pariser Vororte lassen grüßen), haben ein hohes Risiko, zu „Erziehungsruinen" zu missraten. Sie werden nicht nur „mutter-" und „vatertaub", sondern auch gefühlskalt sowie „werte-" „regel-" und „gesetzestaub". Sie sind das Resultat einer kinderfeindlichen Gesellschaft, von der sie über Jahre zwar irgendwie – z. B. über die Schulpflicht – verwaltet werden, letztlich aber in der Befriedigung ihrer Grundbedürfnisse allein gelassen werden, so dass Gewalt für sie eine faszinierende und manchmal auch erotisierende Dimension erhält.

Und wenn es dann zu spät ist, haben wir Skinheads, S-Bahn-Surfer, Hooligans, okkultische oder Satanskultgruppen, Grufties, Happy Slapper oder eben Schläger und Amokläufer. Und wenn das Kind dann in den Brunnen gefallen ist, dann fragen wir, nachdem wir uns zunächst über die heutige Jugend empört haben: „Was können wir nun noch dagegen tun?"

Ein Frühwarnsystem wäre besser gewesen, denn bei Jugendlichen muss man später den zehnfachen Aufwand betreiben, und es kommen höchstens noch 80 Prozent Erfolg dabei heraus. Es bleiben dann nur noch folgende Möglichkeiten: eine verbindliche Unterbringung mit Milieuwechsel, neue Bindungen an verlässliche Bezugspersonen mit wechselseitiger Sympathie, eine Wertebindung über zunächst verordnete Regeln und nachgereichte Überzeugung durch Erfolgserlebnisse, Aufbau eines guten Verhältnisses zum eigenen Körper, Schulabschluss, Ausbildung, Konfrontation mit und Verpönen der Taten durch Gleichaltrige, Aufbau von weitreichenden Perspektiven in Richtung Beruf, Familie und Lebensstandard sowie das Vermeiden weiterer Beschämungen und Niederlagen.

III. Erfolgskonzepte gegen Gewalt

1. Das Frühwarnsystem

- Wer genau hinguckt und über diagnostische und therapeutische Fähigkeiten verfügt, kann im Kindergarten- und Grundschulalter kriminellen Karrieren mit geringem Aufwand vorbeugen.
- Ein Frühwarnsystem kostet die Gesellschaft viel weniger als spätere Korrekturversuche.
- Eine Eltern aufsuchende Pädagogik, ein erzieherisches Netzwerk vor Ort und Präventionsräte vermögen gegen Gewalt zu impfen; aber auch Elternstammtische mit Erziehungsthemen und Projekte, die „Elternschaft lernen" heißen, können das leisten.

Der Hamburger Präventionslehrer Ingo Würtl spricht aus langer Erfahrung, wenn er feststellt: „Man erkennt schon bei Sechsjährigen, wer später einmal den Bach hinuntergeht." Man müsste ergänzen: „… wenn sich nichts Entscheidendes ändert." Wenn man erst im Alter von 15 Jahren nach vielen schweren Körperverletzungs- und Raubdelikten beginnt, einen Jugendlichen noch auf die rechte Bahn bringen zu wollen, ist das für unsere Gesellschaft viel zu teuer, weil man im Vergleich zu einem Sechsjährigen dann ein Vielfaches an Aufwand betreiben muss.

In Kindergärten und Grundschulen ist Erziehung gegen Gewalt am sinnvollsten und effizientesten. Die aggressiven Bahnen sind nämlich noch nicht so tief eingefahren. Allerdings muss dann erst die Diagnose stimmen: Kinderärzte, Schulpsychologen, Familienhelfer und Präventionslehrer verfügen meist über die Fähigkeit zu erkennen, warum ein Kind zur Gewalt neigt, denn die Liste der möglichen Gründe ist lang: Erziehungsdefizite, Imitationslernen, partielle Hirnausfälle und entsprechende Teilleistungsstörungen, Stoffwechselstörungen, die beispielsweise zum Hyperkinetischen Syndrom (ADHS) führen, Wahrnehmungsstörungen oder Sinnesschwächen, eine Hochbegabung oder eine überfordernde Frühförderung, Übererwartungen und Verplanungen, das Überspringen von wichtigen Spiel-, Sprachanbindungs- und Bewegungsphasen, also ein Nichtausleben können der Kindheitsstufen, Ernährungsfehler oder ein Außenseiterschicksal. Kindergärtnerinnen und Lehrer verfügen allerdings meist nicht über die notwendige diagnostische Kompetenz, so dass ihre Ausbildung dringend in diese Richtung hin verändert werden muss.

Die Diagnose ist dann durch eine Therapie zu ergänzen. Präventionslehrer haben daher eigene Räume, in denen psychomotorische Kompensation, Drucktherapie, Musikmalen und Spielpädagogik möglich sind, in denen ein Computer steht und in denen sich viele Geräte befinden, die das Kind entlasten und dem Lehrer die Möglichkeit geben, das Kind im Umgang mit ihm zu beobachten und dabei zu intervenieren und zu kommentieren. In Einzel- und Kleingruppengesprächen werden dann Verhaltensalternativen für kritische Situationen zur Verfügung gestellt, bewertet, angewendet und in Rollenspielen eintrainiert. Nach der Diagnose wird in einer „zugehenden" bzw. „aufsuchenden Pädagogik" Kontakt mit den Eltern und auch den Klassenlehrern aufgenommen. Dies kann sich beispielsweise in Form von Hausbesuchen ereignen (falls die Eltern nicht bereit sind, in die Schule zu kommen), damit das Kind fortan ein erzieherisches Programm erhält, das Aggressionsstau nicht mehr entstehen lässt, weil seine innere Bilanz stimmig wird und weil ihm mittlerweile Strategien für eine angemessene Konfliktlösung zur Verfügung stehen.

Wenn die Eltern nicht erreichbar oder nicht veränderbar sind, dann wird das Kind gestärkt – notfalls auch gegen seine Eltern –, oder die Sozialen Dienste werden eingeschaltet, damit Familienhelfer, Sozialpädagogen oder eine gute Tagesmutter das Kind zumindest ein Stück weit begleiten können, um es zu entlasten und Problemstärke aufzubauen.

Das Frühwarnsystem braucht ein Netzwerk vor Ort: Die Erzieherin im Kindergarten oder die Klassenlehrerin müssen eng mit dem Präventionslehrer zusammenarbeiten. Gemeinsam mit dem Sozialarbeiter, dem Schulpsychologen, dem Familienhelfer, dem Kinderarzt, dem Sportvereinstrainer, dem Jugendbeauftragten der Polizei, dem Spielpädagogen und dem Schulleiter und – wenn es geht – auch mit der Mutter des Kindes oder gar mit beiden Eltern bilden sie dann eine Erziehungskonferenz, die sich als aktive Begleitung des Kindes auf dem Weg zur Gewaltfreiheit versteht. Die Klassenlehrerin sorgt gleichzeitig dafür, dass ihre Schüler Regeln für das Zusammenleben in der Klasse aufstellen und dass Alltagskonflikte ständig veranschaulicht und problematisiert werden, dass Täter mit ihrem Verhalten durch Mitschüler konfrontiert werden, dass Opfern erfolgreiche Verhaltensalternativen für künftige kritische Situationen zur Verfügung gestellt werden, indem sie von der Klasse bewertet und über Rollenspiele eintrainiert werden.

Über die jeweilige einzelne Schule hinaus bedeutet ein Frühwarnsystem aber auch, dass die Kommune oder der Stadtteil einen Präventionsrat einrichtet, der rechtzeitig Gewaltphänomene in Nachbarschaften oder in der Region, aber auch bei einzelnen jungen Menschen oder in Bezug auf überregionale Jugendkultnischen wahrzunehmen und dementsprechend vorbeugend oder früh reparierend zu reagieren vermag.

Das beste Frühwarnsystem wäre, wenn alle Schüler von Abschlussklassen einmal pro Woche ein einstündiges Fach Erziehungskunde hätten; denn wer oft über Erziehung gesprochen hat, wird erzieherisch auch besser, so dass seine Kinder eine günstigere Prognose haben, nicht in eine gewalttätige Karriere einzusteigen. Schulen in Problemgebieten bieten deshalb den Eltern einmal im Monat einen „Elternstammtisch" an, bei dem nur über Erziehung gesprochen wird.

Inzwischen gibt es einen Ansatz eines Frühwarnsystems, in dem mehrere Bundesländer wie Hamburg bereits bei sämtlichen Viereinhalbjährigen abprüfen, ob die deutschsprachigen Fähigkeiten ausreichen. Wenn das nicht der Fall ist, bleiben anderthalb Jahre bis zur Einschulung, um sie im Kindergarten oder in der Vorschule nachzureichen. Man schließt damit an schwedische und finnische Verhältnisse an, denn dort beginnt die Vorschulklasse mit „Startergruppen", in denen die mitgebrachten Defizite durch Spezialisten ausgeglichen werden, bevor das Kind in die schulische Eingangsphase kommt.

Dazu passt dann auch die Hamburger Bundesratsinitiative, mit der Eltern verpflichtet werden sollen, alle Kinder bis zur Einschulung einmal im Jahr einem Kinder- oder Hausarzt vorzuführen, um Vernachlässigungen oder Misshandlungen ausschließen oder feststellen zu können – zum Schutz des Kindes.

2. Kinder brauchen Grenzen

- *Wer Kindern keine Grenzen setzt, belässt sie orientierungsarm und unselbstständig.*
- *In jedem Alter müssen jungen Menschen andere Grenzen gesetzt werden.*
- *Bis zu drei Jahren wollen sie mit ihrem Urvertrauen von uns geführt werden.*
- *Vier- bis 13-Jährige müssen den gesetzten Grenzen zustimmen können.*
- *Bei verwahrlosten Jugendlichen muss man mit einer „verbindlichen Unterbringung" wieder ganz von vorn beginnen.*

„Kinder brauchen Grenzen" heißt das berühmte Buch des Erziehungsberaters Jan-Uwe Rogge. Er empfiehlt beispielsweise einer Mutter, deren kleiner Sohn sich im Supermarkt stets auf den Boden wirft und cholerisch nach einem „Schokoriegel" schreit, es beim nächsten Mal genauso zu machen. Sie sollte sich also ebenfalls auf den Boden werfen und schreien: „Was habe ich für einen schrecklichen Sohn!" Erstarrt sagt der Junge darauf ganz leise zu seiner Mutter: „Mama, sei bitte ruhig, die Leute gucken schon!" Was hat Mama getan? Sie hat ihrem Sohn wirkungsvoll eine Grenze veranschaulicht, und er hat nie wieder im Supermarkt genervt.

Die antiautoritäre Erziehung von Alexander S. Neill im englischen Summerhill und in den deutschen Kinderläden war so antiautoritär nicht – wobei die Grenzsetzungen weniger von den Erwachsenen kamen, sondern von den Kindern selbst. Wenn ein Vierjähriger einem anderen Vierjährigen einen Farbeimer über den Kopf stülpte, musste er danach dessen sehr heftige Reaktion aushalten. Vor allem gaben sich die Kinder untereinander sowohl in Summerhill als auch in den Kinderläden selbst deutliche Regeln für ihr Zusammenleben.

Kinder brauchen Grenzen, aber sie brauchen in jeder Altersstufe andere. So wie sie die Grenzen der dinglichen Welt bereits im Greifalter und mit ihrem Klettern, Schaukeln, Rollen, Rutschen, Balancieren, Springen, Hüpfen, Kneten und Matschen erkunden, wollen sie auch schon früh die Grenzen, also die Spielregeln des menschlichen Zusammenlebens kennenlernen, die wir Normen und Werte, aber auch Gesetze nennen. Kaum dass die Augen richtig funktionieren, beginnen sie, am Gesicht, am Tonfall und an der Gestik von Mama ablesen zu wollen, was gut, was schlecht und was egal ist. So beginnt ihr Weltbildaufbau.

In den ersten drei Lebensjahren wollen Kinder mit ihrem angeborenen Urvertrauen geführt werden; ihre Erziehung muss dann noch autoritär sein, weil sie die Begründungen für Forderungen und Grenzsetzungen noch nicht so recht verstehen können. Das Autoritäre fragt noch nicht nach der Zustimmung des Kindes, aber das Kind ist im Alter von bis zu drei Jahren so gebaut, dass es seinen Eltern einfach nur folgen will. Das schützt das Kind.

Von vier bis 13 Jahren brauchen Kinder auch Grenzen, aber sie müssen verstehen, warum diese Grenzen gesetzt werden, und sie müssen diesen Grenzen zustimmen können. Das ist die Phase der autoritativen Erziehung, in der wir um Überzeugung im Kind für unsere Herausforderungen und Verbote ringen müssen. Zwar müssen Kinder auch den Grenzübertritt ausprobieren, weil sie Grenzen nur verstehen, wenn sie sie von beiden Seiten her kennenlernen; aber wenn sie den Grenzübertritt wagen, muss es eine Reaktion geben, weil das Kind sonst gezwungen wird, noch weiter in das verbotene Land hineinzugehen, in der Hoffnung, dass dann endlich einmal etwas passiert. Oder es lernt, dass es offenbar nicht so viel wert ist, dass man auch ihm die Grenze setzt, die man anderen Kindern setzt. Schädlich ist, wenn die Grenzen einem Kind zu eng gesetzt werden (ein 13-Jähriger muss um 19 Uhr ins Bett), weil es dann neurotisch wird, wenn sie zu weit gesetzt werden (ein Vierjähriger darf bis 2 Uhr nachts aufbleiben), weil das Kind dann verwöhnt und maßlos wird, oder wenn sie jeden Tag willkürlich und von der Laune der Eltern abhängig anders gesetzt werden, weil das Kind dann mit einem unstimmigen Weltbild orientierungslos bleibt und verwahrlost.

Jugendliche ab 14 Jahren brauchen auch Grenzen, aber die müssen sie aus unseren Begründungen schließen, weil die Forderungen impliziert sind. Wenn sie allerdings zuvor immer mit zu engen, zu weiten oder inkonsequent gesetzten

Grenzen aufgewachsen sind, dann muss man mit ihnen wieder die vorherigen Entwicklungsstufen durchlaufen, aber im schnelleren Durchgang.

Verwahrloste Jugendliche müssen zunächst wieder wie während der Schwangerschaftsphase totalitär untergebracht werden, damit sie nicht schon weggelaufen sind, bevor wir mit ihnen angefangen haben zu arbeiten. Wir nennen das „verbindliche Unterbringung" für nur einige Wochen, damit sie sich zunächst an eine neue Bezugsperson binden können, von der sie zunächst autoritär geführt werden, bis sich so viele Erfolge im Verhalten eingestellt haben, dass die Beziehung in die längere autoritative Phase einmünden kann, in der der Weltbildaufbau durch Rationalisierung (Begründungen durch Erfolge, Verstehen des Sinns der Regeln des Zusammenlebens, Bindung an Normen, Werte und Gesetze, Bindung an die Zukunft mit Motivationen und Perspektiven, Nachholen des Schulabschlusses, Berufsausbildung) nachgereicht wird. In der anschließenden Phase der Begleitung und Beratung „coachen" wir den Jugendlichen auf dem Weg in seine Selbstständigkeit und in die Ablösung von uns. Denn im Jugendalter lassen sich Menschen nicht mehr so gern erziehen.

Wer Kindern keine Grenzen setzt, versündigt sich an ihrem Orientierungsbedürfnis, an ihrem Wunsch, die Welt und unser Zusammenleben zu verstehen und sich darin behaupten und durchsetzen zu können. Wer Kindern keine Grenzen setzt, lässt sie allein, belässt sie hilflos und opfert sie den Zufällen der Verführungen einer reizreichen Welt. Ohne Grenzsetzungen wird der Weg in die Selbstständig- und Mündigkeit des jungen Menschen erschwert, so wie er mit Unter- oder Überforderungen statt der sinnvoll dosierten Herausforderungen der Kräfte erschwert wird. In Kindergärten und Grundschulen die Regeln des Zusammenlebens mit den Kindern gemeinsam zu erarbeiten und mit einzelnen schwer gewalttätigen Jugendlichen Verträge abzuschließen, ist jedenfalls eine besonders effiziente Weise von Grenzsetzungen für junge Menschen, wenn man Gewalt minimieren will. In der Mehrzahl der Fälle funktioniert beides überraschend gut.

3. Modelllernen gegen Gewalt

- *Negative Vorbilder und Inkonsequenz verstärken Gewaltbereitschaft.*
- *Heutige Kinder suchen sich ihre Vorbilder mehr in ihrem konkreten Nahraum als in der abstrakten Ferne: Mama, Papa, ihr Lehrer, ihr Trainer und ihr Freund sind ihnen als Verhaltensmodelle wichtiger als Stefan Raab, Madonna, Franz Beckenbauer, Nelson Mandela oder Bruce Willis.*
- *Vorbilder müssen erwünschtes Verhalten nicht nur vorleben, sie sollten dem jungen Menschen auch aktiv helfen, Konflikte zu vermeiden, angemessen zu lösen und sich deeskalierend helfend einmischen zu können.*

Dass die Erwachsenen in der Politik, mit ihren Verbrechen, mit ihren Kriegen und diejenigen, die als gewaltreiche „Helden" auf dem Bildschirm vorkommen, die Gewaltprävention gegenüber Kindern und Jugendlichen erleichtern, kann man nun wirklich nicht sagen.

So gewalttätig, wie Erwachsene weltweit sind, muss man sich wundern, dass junge Menschen nicht noch gewalttätiger sind. Zum Glück suchen Kinder zur Zeit ihre Vorbilder mehr in ihrem Nahraum, als das noch vor Jahrzehnten der Fall war. Relativ abstrakte Vorbilder wie Albert Schweitzer, Martin Luther King oder Mutter Teresa spielen heute nicht mehr eine so große Rolle wie Vorbilder unter Eltern, Freunden, Geschwistern oder im Sportverein, in dem man selbst aktiv ist.

Eltern, Lehrern und Trainern ist damit eine sehr große Verantwortung zugewachsen. Mehr denn je kommen sie als positive, leider aber auch als negative Vorbilder in Frage. Mit ihnen identifizieren sich Kinder eher als mit Fußballstars, Filmschauspielern oder Politikern; insofern können selbst schwer foulende Fußballidole zum Glück nicht allzu viel Schaden im Sinne des Modelllernens anrichten.

Die Verantwortung der Eltern, Lehrer und Erzieher besteht also insbesondere darin, dass sie ihren Kindern vorleben, wie man mit Konflikten umgehen sollte und wie nicht. Dabei kommt es vor allem auf Glaubwürdigkeit an. Wer von Kindern erwartet, was er selbst nicht einhält, wer sich am Telefon von seiner Tochter verleugnen lässt, sie aber für ihr Lügen bestraft, wer vor den Augen seines Sohnes im Supermarkt etwas mitgehen lässt, ihn aber für Stehlen ohrfeigt, wer selbst im Kleinwagen jahrelang in Gegenwart seines kleinen Kindes Kette raucht, so dass es kaum noch Luft kriegt, dann aber schwer empört ist, wenn er dieses Kind im Alter von 13 Jahren mit einer Zigarette erwischt, ist ein denkbar ungeeignetes Vorbild. Ganz besonders gilt das für Eltern, die ihr Kind immer wieder schlagen, ihm aber das Schlagen der kleinen Geschwister verbieten.

Inkonsequenz ist ein zumindest ebenso schlechtes Vorleben wie ein konsequent miserabler Lebensvollzug. Wer Kindern mal etwas durchgehen lässt und es dann wieder verpönt, wer von ihnen verlangt, was er von sich selbst nicht verlangt, zeitigt ebenso schreckliche Erziehungserfolge gegen Gewalt wie derjenige, der ständig klaut und auch von seinem Kind wünscht, dass es stiehlt.

Insofern ist ganz eindeutig gesichert, dass nur solche Eltern und Pädagogen ein Optimum an Gewaltlosigkeit bei jungen Menschen zu erreichen vermögen, die genau dieses Optimum selbst vorleben und die darüber hinaus dem Kind vormachen und ihm dabei aktiv mit Gespräch, Bewertung und Training helfen, wie man nein sagt und wie man sich angemessen wehren, behaupten und durchsetzen kann, wenn man ein Problem hat oder in eine Krise hineingerät, oder wie man einen Konflikt vermeidet, umschifft oder entschärft, wenn man ihn auf sich zukommen sieht, oder wie man hilft, wenn man andere in einen Konflikt hineinschlittern sieht. Denn zum Aspekt Modelllernen gehört auch, dass Kinder nicht vor allem das Bloß-Gaffen oder Wegschauen einer Ohne-mich-Gesellschaft massenhaft miterleben dürfen, sondern am Beispiel ihrer Eltern, Lehrer, Trainer und liebsten Freunde lernen müssen, wie man sich erfolgreich so in Konflikte einmischen kann, dass man nicht selbst Opfer wird und dass das Problem nicht noch größer, sondern irgendwie gelöst wird. Hoch anerkannte Gleichaltrige sind daher in Schulen oft sehr erfolgreiche Streitschlichter.

4. Sinnesschulung gegen Gewalt

- *Sinnesgeschwächte Kinder haben viele Versagenserlebnisse; sie rasten deshalb schneller aus.*
- *Wald-, Watt-, Strand-, Natur- und Sportkindergärten sowie Sinnespfade, Projekte „Sport gegen Gewalt" und „Musik gegen Gewalt" sowie „Snoezelen-Räume" reichen ebenso Sinnesentwicklung nach wie psychomotorische Übungen und die Teilzeitschulen von Präventionslehrern.*
- *Bewegungsmangel ist eine Ursache für Gewalt, und zwar sowohl in Bezug auf Gewalttäter als auch auf Gewaltopfer.*
- *Wahrnehmungsgestörte Kinder sind ungelenk; sie sind derart unfallgefährdet und so wenig selbstsicher, dass sie für die Opferrolle besonders gut taugen.*

Viktimologie heißt in der Kriminologie die Lehre vom Opfer. Sie sagt, dass Menschen unbewusst ihre Opferbereitschaft dem potenziellen Täter signalisieren, so dass der Täter durch sie zur Tat ermutigt wird.

Man kann Kinder gut gegen Täter- und Opferwerden feien, indem man dafür sorgt, dass ihre Grundbedürfnisse stets in der sinnvollen mittleren Dosierung angesprochen und befriedigt werden, damit sie sich nicht unangemessene Auswege aus ihren Frustrationen und aufgestauten Aggressionen suchen müssen, Wenn ihre inneren Bilanzen nicht stimmen, geraten sie aus der Balance, so dass sie unbewusst und indirekt um ein anderes Gleichgewicht für ihr Leben, für den Ausgleich ihrer Defizite, ihrer Niederlagen und Versagenserlebnisse bemüht sind, und das tut dann weder ihnen selbst noch ihrer Umgebung gut. Wer sich aus Mangel an Liebe mit Essen und Besitz selbst etwas zuwendet, sucht ebenso krampfhaft um eine Ersatzbefriedigung wie derjenige, der in der wirklichen Welt kaum Erfolge hat, sich diese aber über Lügengeschichten nachreicht, oder wie der, der zum Schläger wird, um sein Leid als ewig Geschlagener mit anderen, die er schlägt, teilen zu können. Wer die Zahl der Opfer vermehrt, glaubt, fortan nicht mehr so ganz allein und einsam in seiner Opferrolle dazustehen.

Und so ist es auch mit der Sinnesentwicklung des Kindes. Wenn seine Sinne nicht richtig angesprochen und herausgefordert werden, dann wird es wahrnehmungsgestört, weil es sinnesschwach ist. Wer zu wenige Anlässe zum Zuhören hatte oder wer es gewohnt ist, dass Hören stets mit dem Action-reichen farbigen und schnell wechselnden Bild eines Filmes verknüpft ist, kann dem bloßen Wort kaum noch folgen; es überwindet nur schlecht seine Wahrnehmungsschwelle. Wer zu selten draußen im dreidimensionalen Raum gelaufen, gesprungen, gehüpft, gerutscht, geschaukelt, geklettert, gematscht, gebaut und balanciert hat, wer zu selten mit unterschiedlichsten Materialien wie Holz, Stein, Metall, Lehm, Glas, Plastik, Papier, Pappe, Knetmasse, Sand und Laub, mit unterschiedlichen Farben und Zahligkeiten zu tun hatte, hat Probleme mit dem Rückwärtsgehen, mit der Einschätzung von Kräften, Geschwindigkeiten und Entfernungen, mit seinem Gleichgewichtssinn, mit seinem Hautsinn, mit seiner Muskelkoordination und mit der Unterscheidung von links und rechts, so dass er leichter als optimal sinnesgeschulte Kinder verunfallt, feinmotorisch gestört ist, so dass er Legastheniker oder Dyskalkuliker wird, nicht mehr ohne weiteres Fahrrad fahren lernt, weil er das mit der Balance so schwer hinbekommt, alles Mögliche umstößt und nicht merkt, dass hinter ihm jemand steht. Wegen seiner allzu häufigen kleinen Patzer und Niederlagen baut sich dann Frust in ihm auf; er gerät schnell aus seinem inneren Gleichgewicht, rastet leicht aus, braust auf und schlägt dann mit einer geringeren Hemmschwelle, als sie sinnesstarke Kinder haben, zu.

Um die Sinnesentwicklung des Kindes rechtzeitig zu fördern und um bereits diagnostizierte Defizite auszugleichen, gibt es mittlerweile eine Reihe von guten Konzepten, die sich auch gewaltpräventiv bewährt haben:

- In Wald-, Watt-, Natur- oder Strandkindergärten können die Kleinen den ganzen oder zumindest den halben Tag draußen an der frischen Luft die nötigen dreidimensionalen Bewegungs-, Material- und Sozialerfahrungen machen. Sie gehen dabei mit den verschiedensten Stoffen, Zahligkeiten und Farben um, sie können konstruieren, bauen und demontieren, sie können balgen, laufen, springen, klettern und matschen, rückwärts gehen und balancieren, allein oder mit anderen spielen, sich gegen unterschiedliche Wetterbedingungen abhärten und alle Sinne zugleich entwickeln, so dass sie wahrnehmungsstark, koordiniert und ausgeglichen geraten.
- In Sportkindergärten spielt die Bewegungserziehung eine noch größere Rolle; dort können auch gezielt bestimmte Übungen gegenüber bestimmten Teilleistungsschwächen wie beispielsweise der feinmotorischen Koordinierungsschwäche forciert werden.
- Einige Kindergärten haben Sinnespfade, über die Kinder kriechen können, so dass ihre Wahrnehmung in Bezug auf unterschiedliche Untergründe wie Wasser, Sand, Ton, Gras, Kies, Laub, Metall, Kork, Stein, Holz und Moos, aber auch verschiedene Pflanzen differenziert geschult wird. Das nützt vor allem der Entwicklung ihrer Hautsinne.

4. Sinnesschulung gegen Gewalt

- Sportvereine bieten Kindern Projekte „Sport gegen Gewalt" an, in denen es um die sinnvolle Kanalisierung von Aggressionen durch körper-, kraft- oder mannschaftssportbetonte Aktivitäten sowie um das Schulen von Kampfsport-Techniken für Notwehrsituationen und zum selbstsichereren Auftreten sowie um das gewaltfreie Sich-Wehren, verknüpft mit einem hehren Verhaltenskodex, geht.
- Musikschulen bieten Projekte „Musik gegen Gewalt" an, in denen die musischen und kreativen Bedürfnisse von Jungen und Mädchen gestärkt werden.
- Einige Institutionen und Schulen wie das Hamburger Zentrum für Kindesentwicklung der Kinderärztin Inge Flehmig oder die Hamburger Grundschule Horn bieten „Psychomotorisches Extraturnen" (auch „Motopädie" genannt) an, mit dem in Turnhallen oder anderen Räumen die Sinnesförderung nachgereicht wird, die Großstadtkinder nicht mehr beim Spielen draußen haben. Therapeuten boxen dabei durch einen Schlafsack hindurch, in dem das Kind liegt, auf seine Brust, weil es diesen deutlichen und von ihm als lustbetont empfundenen Körperkontakt in seinem bisherigen Leben zu selten hatte. Außerdem können sie dort mit vielen Geräten rollen, schaukeln, rutschen, hüpfen, springen, balancieren und rückwärts gehen. Die Hamburger Lehrkräfte können bei der Schulbehörde oder beim Deutschen Roten Kreuz auch ein Psychomotorik-Mobil anfordern, dessen Fahrer dann Bewegungslandschaften in der Turnhalle oder auf dem Schulhof aufbauen.
- Mit „Musikmalen", Kneten, der Schulung des Hörens bei geschlossenen Augen, dem Liegen auf einem Tennisball, der mal unter dem Po, mal unter dem Hinterkopf, mal unter der Schulter usw. liegt, werden in „Teilzeitschulen" von Hamburger Präventionslehrern ebenso ungewohnte Sinneserfahrungen nachgereicht wie mit dem Geführtwerden durch einen anderen Schüler bei verbundenen Augen oder wie mit der Methode der „paradoxen Intervention", bei der Aggressionen mit Humor aufgelöst werden: Einem Achtjährigen, der sich weigert, Rechenaufgaben zu lösen, wird gesagt: „Ich weiß, warum du die nicht lösen willst; du kannst das nämlich nicht, weil du noch zu klein bist." Da dieser Satz vom Lehrer mit einem verschmitzten Lächeln vorgetragen wurde, macht sich der Achtjährige sofort an die Lösung, um seine humorvoll angekratzte Ehre zu retten. Oder der Lehrer schießt auf Annegret zu, zeigt mit dem Finger auf sie und sagt zu ihr: „Du warst das!" „Was war ich?", fragt Annegret zurück. „Das weiß ich nicht mehr, aber du warst das!", entgegnet der Lehrer. Sofort löst sich die Situation in Lachen auf, und die Stimmung ist nicht mehr aggressiv. Der Einsatz dieser Methode muss allerdings zur Situation, zur Lehrerpersönlichkeit und zu Annegret passen.
- Einige Kindergärten haben inzwischen einen „Snoezelen"-Raum. Das Konzept und der Begriff kommen aus den Niederlanden. Das Wort „snoezelen" ist eine Kombination aus „snuffelen" = schnüffeln und „doezelen" = dösen bzw. schlummern. In Snoezelen-Räumen steht ein Wasserbett, in das Lautsprecher eingebaut sind, so dass es im Takt der Musik zu schwingen vermag. Die eingespielte Musik ist Entspannungsmusik, der Raum ist schalldicht, er ist abgedunkelt und voller Gerüche und Lichteffekte, die auf zuvor aggressive Kinder, die zum Beruhigen in diesen Raum geschickt werden, tief entspannend wirken. Wichtig ist, dass das zuvor ausgerastete Kind zunächst allein in den Snoezelen-Raum geht, um sich dort durch die gleichzeitig auf es einwirkenden Sinnes-

erfahrungen abzuregen, bevor die Erzieherin später nachkommt und Übungen zum Aufbau eines guten Verhältnisses zum eigenen Körper beginnt.
- Hyperaktive Kinder neigen zu Wutanfällen, wenn sich in ihnen zu viel Bewegungsdrang während langer sitzender Phasen aufgestaut hat und sich ihnen kein anderes Ventil zum Abbau dieses Staus anbietet. Für ADHS-Kinder muss es aber nicht unbedingt das Medikament Ritalin (oder Medikinet) sein, um ihr erhöhtes Wahrnehmungsmaß einzudämmen; inzwischen gibt es nämlich eine gute Alternative, Neuro-Feedback genannt:

Fußballtore per Gedankenkraft schießen? Mit Neuro-Feedback ist das möglich. Mit dieser Methode können Kinder mit einem Aufmerksamkeitsdefizit-Hyperaktivitäts-Syndrom lernen, ihre Gehirnströme gezielt zu beeinflussen und den Schalter zwischen wachem und entspanntem Gehirnzustand schneller umzulegen.

„Für unterschiedliche Bewusstseinszustände sind verschiedene Hirnstromfrequenzen zuständig. Wer sich bewusst konzentriert, aktiviert die schnellen Beta-Wellen", erklärt die Tübinger Neuro-Feedback-Expertin Ute Strehl. Im entspannten Wachzustand seien vor allem Alpha-Wellen vorhanden, im dösenden Wachzustand Theta-Wellen und im Tiefschlaf die langsamen Delta-Wellen. „Bei ADHS werden verstärkt Theta-Wellen produziert und zu wenige Beta-Wellen. Das spiegelt sich im Verhalten der Kinder wider. Die Methode bietet die Möglichkeit, die Muster der Wellen zu verändern: Beta-Anteile werden gestärkt, Theta-Anteile geschwächt", so Ute Strehl.

Während die Kinder gebannt auf einen Monitor blicken und der Fußball wie von Zauberhand getragen mal nach oben, mal nach unten auf die Tore zuschwebt, wird die elektrische Aktivität ihres Gehirn über Elektroden abgeleitet. Sie wird verstärkt, die Daten werden in den Computer gespeist und an das Kind optisch oder akustisch zurückgemeldet. Den Ball steuern die Kinder allein durch ihre Gedanken. Leuchtet das obere Tor, denken sie an etwas Aufregendes wie ein schnelles Auto oder Achterbahnfahren, um den Ball ins Tor zu lenken. So lernen sie, ihr Gehirn gezielt zu aktivieren. Leuchtet das untere Tor, muss das Gehirn von Aktivierung auf Entspannung umschalten, damit der Torschuss gelingt. Das erreicht das Kind, indem es an etwas Langweiliges denkt, so zum Beispiel an eine längere Autofahrt. Der Lohn für gelungene Schüsse ist ein Smiley. Ute Strehl: „Auch noch sechs Monate nach dem Ende des Trainings, das 30 bis 40 Sitzungen umfasst, waren die Kinder weniger impulsiv, konnten sich besser konzentrieren und schnitten bei Aufmerksamkeits- und Intelligenztests erfolgreicher ab als vorher. Medikamente wirken dagegen nur, solange sie eingenommen werden."

Wer mehr über Neuro-Feedback erfahren will, findet Informationen und spezialisierte Therapeuten im Internet unter www.dgbfb.de und unter www.eegseminare.de/db126.html.

5. Druck- und Festhaltetherapien

- *Wenn Kinder verhaltensgestört sind, also keinen inneren Halt haben, muss man als Erstes äußeren Halt bieten, damit er langsam nach innen hineinstrahlt.*
- *Erziehung ohne Druck gibt es nicht. Die niederländischen Haltprojekte geben von außen nach innen Halt, indem der junge Mensch erst an einen Raum, dann an einen Menschen und schließlich an Regeln, an ein stimmiges Weltbild und an seine Zukunft gebunden wird.*
- *Druck- und Festhaltetherapien können den Weg zur Bindung an sich selbst begünstigen; mit Kopfnoten wird das vergeblich versucht.*
- *Bleibt es lediglich beim äußeren Halt, erziehen wir allenfalls Duckmäuser.*

Jüngst hat eine amerikanische Studie, deren Ergebnisse in der Zeitschrift „Development Psychology" veröffentlicht wurden, ergeben, dass kleine Jungen, die extrem unangepasst, frech und aggressiv sind, bei Gleichaltrigen eine hohe Anerkennung genießen, dass ihre Eltern oft ganz stolz auf dieses jungenhafte Verhalten sind („er ist eben ein richtiger Junge") und dass selbst Grundschullehrerinnen so etwas noch „niedlich" finden.

Mit ihrem Älterwerden scheitern aber gerade solche Jungen außerordentlich häufig, denn unsoziales und aggressives Verhalten wird in High Schools und im Berufsleben nicht mehr belohnt.

Mit diesem Bruch kommen in unserer Gesellschaft vor allem türkische Jungen nicht gut klar. Was anfangs ihre Eltern als erwünschtes Macho-Verhalten begünstigen, treibt diese Jungen später in viele Niederlagen und unter anderem in hilflos um Ausgleich bemühte Gewalt hinein. Ihr innerer Halt ist so schwach, dass sie ihn mit äußerer Stärke zu kaschieren versuchen. Auch sie benötigen zunächst äußeren Gegendruck, damit der dann langsam nach innen hineinstrahlt.

Roswitha Defersdorf schlägt mit ihrem Buch „Drück mich mal ganz fest" vor, schwer ausgerastete Kinder etwa 20 Sekunden lang fest in den Arm zu nehmen oder cholerisch aufbrausende Jugendliche eine kurze Zeit auf den Boden oder an die Wand zu drücken, sofern der Pädagoge körperlich überhaupt dazu in der Lage ist.

Mit dieser Drucktherapie wird immer zweierlei bewirkt:

- Der junge Mensch spürt, dass er zumindest so viel wert ist, dass ein anderer so viel Kraft für ihn aufwendet; das tut ihm gut, und er beruhigt sich dann durchweg rasch.

- Der zunächst äußerliche Halt in einer Situation der Haltlosigkeit überträgt sich in Richtung innerer Halt, so dass die Verhaltensstörung durch bedachtes Reagieren ersetzt werden kann. „Atme erst dreimal durch!" oder „Zähl erst mal bis 20, bevor du etwas tust!" sind flankierende Tricks, um die erforderliche Zeit für die Ausstrahlung des äußeren Halts in Richtung innerer Halt zu gewinnen; eigentlich müsste man diesen Prozess jedoch „Einstrahlung" nennen.

Um Kinder davor zu bewahren, dass sie zunächst anderen und dann auch sich selbst schweren Schaden zufügen, werden sie erst einmal festgehalten, was auch eine Form der „verbindlichen Unterbringung" ist. Sie werden in den starken und deutlichen, aber wohlmeinenden Armen eines anderen Menschen untergebracht, bis sie sich so weit beruhigt haben, dass eine rationale Aufarbeitung des Konflikt möglich wird. Wer keinen inneren Halt hat, braucht zunächst einen äußeren, der durchaus etwas mit Zwang zu tun hat. Aber Pädagogik ohne Zwang gibt es nicht.

Bei uns nennt man die Umsetzung dieser Einsicht in eine Strategie auch Festhaltetherapie, in den Niederlanden spricht man von „Haltprojekten". Dort lässt man folgende Stufen auf dem Weg vom äußeren zum inneren Halt durchlaufen:

- Erst kommt der Halt ganz außen in Form eines Hauses und eines Raumes, die man nicht verlassen kann. Das ist „verbindliche Unterbringung". Es muss möglich sein, mit dem jungen Menschen die Arbeit aufzunehmen, ohne dass dieser bereits wieder verschwunden ist.
- Dann kommt der Halt durch einen Menschen, der das Kind oder den Jugendlichen festhält, der Druck ausübt, der also fordert und verbietet. Dieser Mensch ist unausweichlich. Der junge Mensch merkt: „An dem komme ich nicht vorbei." Dieser Pädagoge bzw. Therapeut ist zwar deutlich und unausweichlich, zugleich aber auch herzensgut, und daher baut sich eine Bindung zwischen ihm und dem jungen Menschen auf – vorausgesetzt die „Chemie stimmt" zwischen beiden.
- Auf dieser Bindung zu einer neu gewonnenen Bezugsperson lässt sich dann sowohl Rationalisierung aufbauen, also der Halt in Bezug auf Regeln des Zusammenlebens, auf Normen, Werte und Gesetze, als auch die Bindung an ein Weltbild und die Zukunft, die mit der Ermöglichung eines Schulabschlusses und einer Ausbildung eingeleitet wird. In dieser Phase erfolgt auch die Konfrontation mit den zurückliegenden schlimmen Taten und Verhaltensweisen, also mit dem bisherigen „verpfuschten" Leben. Hier geht dann ebenfalls der Weg vom äußeren Halt (der durch den unausweichlichen Druck der Resonanz auf das Bisherige erfolgt) zum inneren Halt („Ja, das war schlecht, und das darf nie wieder passieren").
- Und wenn der innere Halt schließlich erreicht ist, beginnt die Ablösung, das Sich-überflüssig-Machen des Erwachsenen, weil der junge Mensch nun auf eigenen Beinen zu stehen vermag.

Übrigens: Wenn in mehreren, meist CDU/CSU-regierten Bundesländern über „Benimm-Bausteine" oder „Kopfnoten" für Fleiß, Ordnung, Mitarbeit und Betragen diskutiert wird und diese in Sachsen seit 1999 wieder gegeben werden, dann erhofft man sich damit auch den Weg vom äußeren zum inneren Halt. Die Gefahr dabei ist jedoch, dass schlechte Lehrer diesen inneren Halt unter Umständen nicht hinbekommen und dass die Schüler nur zu taktisch geschickten Anpassern, Duckmäusern, Schleimern bzw. Untertanen missraten, ohne von den erwünschten Verhaltensweisen je überzeugt zu sein.

6. Regeln des Zusammenlebens wirken präventiv

- *Werden Regeln Kindern bloß übergestülpt, überzeugen sie nicht.*
- *In der Geschichte der Sozialpädagogik wurden immer dann große erzieherische Erfolge erzielt, wenn junge Menschen sich bezüglich ihres Zusammenlebens selbst verwalten durften.*

Bedeutende Erzieher der Geschichte der Pädagogik wie Don Bosco, Father Flanagan, Anton S. Makarenko, Alexander S. Neill, Padre Silva oder heute Kari Björkman, Dieter Dubbert und Klaus Schäfer haben – völlig unabhängig von ihrem ideologischen oder religiösen Hintergrund – als Kernstück ihrer Sozialpädagogik immer die Vollversammlung der von ihnen betreuten jungen Menschen gehabt, auf der die Regeln des Zusammenlebens so beschlossen wurden, dass sie funktionierten.

Kinder und Jugendliche halten sich besonders gut an Gesetze, die sie selbst aufgestellt haben, weil sie sich von Gleichaltrigen eher als von Erwachsenen beeinflussen lassen. Schulen wären also gut beraten, wenn sie ihre Schulordnung von den Schülern erstellen ließen, allerdings unter der Moderation der anderen Mitglieder der Schulgemeinde, nämlich der Lehrer und Eltern.

Die Bindung von Kindern an selbst geschaffene Regeln ist schon im Kindergarten möglich, funktioniert aber besonders gut in Grundschulen. Sie erfordert allerdings auch immer Reformbereitschaft, also die Flexibilität zur Wandlung dann, wenn sich die Regeln nicht bewähren.

Die Regeln müssen im Gesprächskreis, also im „Stuhlkreis" des Offenen Unterrichts erarbeitet werden, indem konkrete missliche Anlässe für ihre Schaffung genutzt werden. Sie werden vorgeschlagen, bewertet, verworfen und verstärkt, ihre Anwendung wird in Rollenspielen veranschaulicht, neu bewertet und durch Wiederholen eingeübt. Danach werden sie aufgeschrieben und an der Seitentafel ausgehängt. Aus weiteren konkreten Vorfällen heraus werden sie überprüft und eventuell modifiziert.

Von Kindern selbst gesetzte Grenzen werden von ihnen besser eingehalten als von Erwachsenen übergestülpte. Und alle Erfahrungen damit zeigen wie die an der Lübecker Domschule, dass so in der Folge Mobbing und Gewalt und langfristig sogar Krankheit und Drogenkonsum abnehmen oder gar vermieden werden können.

Viele Erwachsene haben Angst, dass sie mit einem solchen Instrumentarium der Selbstregulierung und Selbstbestimmung Macht und Kontrolle sowie den Einfluss auf die Richtung der sozialen Entwicklung einbüßen. Kinder in Untertanenrollen sind für sie handlicher und – wie sie meinen – auch formbarer. Das Gegenteil ist aber der Fall. Die Unterdrückung der kindlichen Selbstregulierung führt zu Vermeidungs- und Ausweichverhalten, also auch zu Mobbing bzw. Gewalt und später zu Regression und Autodestruktion und damit zu einem anderen Kontrollverlust. Wer Kinder bloß an Erwachsenennormen anzugleichen versucht, zwingt sie zu Heimlichkeiten, zu unterschwelligen Aggressionen, die nicht mehr so gut steuerbar sind. Lehrer müssen also in unserer modernen Gesellschaft nicht nur Lernberater in Bezug auf Bildungspläne sein, sie müssen auch „Coaches" in Bezug auf das Soziale Lernen sein, wenn sie optimale und zeitgemäße Erziehungs- und Bildungserfolge erreichen wollen.

Hoffentlich wird sich das kommunale Wahlrecht vom 16. Lebensjahr an, das beispielsweise Schleswig-Holstein und Niedersachsen schon eingeführt haben, auf Dauer – denn so etwas braucht Zeit – so positiv auf junge Menschen in unserer Gesellschaft auswirken, dass sie mit beschleunigten Mündigkeitsprozessen nicht mehr so oft auf Gewalt ausweichen müssen, um gegen die Übersteuerungsversuche durch die Macht-habenden Erwachsenen in obrigkeitsstaatlichen Strukturen zu rebellieren. Denn auch für die Entwicklung demokratischer Prozesse gilt das Motto: „Die Sonne geht immer von unten auf."

7. Verträge abschließen

- *Verträge mit Grundschülern zu schließen, ist nicht sinnvoll.*
- *Die mit dem Vertrag verbundene positive Außenerwartung bindet Jugendliche ganz neu an sich selbst; die Prognose wird zur Selbsterfüllenden Prophezeiung.*
- *Selbstverpflichtungen können schriftlich oder mündlich erfolgen.*

In Hamburg hat eine Schulleiterin versucht, mit allen Kindern ihrer Grundschule und deren Eltern Verträge gegen Gewalt abzuschließen. Das musste schief gehen, und es ging schief. Denn erstens ist so etwas bei Grundschülern gar nicht sinnvoll, weil sie nicht in der Lage sind, die hohe zeitliche Überbrückungsleistung einer derartigen Vertragsbindung in eine weite Zukunft hinein aufzubringen.

Und zweitens können solche „Flächenverträge" deshalb nicht funktionieren, weil sie für das einzelne Kind nichts Besonderes sind; es ist eben nur eines von vielen Kindern. Die erhoffte Wirkung verpufft in der Masse. Die für Grundschüler angemessene Form ist also, dass Regeln für das Zusammenleben in der jeweiligen Klasse von den Kindern erstellt werden.

Allerdings hat es sich als außerordentlich wirksam erwiesen, mit einzelnen, besonders schwierigen Jugendlichen, die immer wieder zu Gewalttätigkeiten neigen, eine schriftliche Vereinbarung zu treffen, mit der sie sich beispielsweise gegenüber ihrem Schulleiter verpflichten, fortan nicht mehr zu zerstören, zuzuschlagen, jemanden zu diskriminieren oder Graffiti im Schulgelände zu sprühen. Jugendliche sind zu solcher Langfristigkeit eher fähig als Kinder, und sie sind zu einem solchen Vertrag bereit, sofern er zunächst einmal nur für sie persönlich gilt und sofern er ganz konkret auf ihre einmalige Lebenssituation zugeschnitten ist.

Kritiker der Vertragsabschlüsse mit Jugendlichen werden annehmen, dass ein derart „lächerliches" Mittel wohl nichts gegen Wiederholungstäter in Sachen Gewalt bewirken kann. Aber in vier von fünf Fällen wirkt ein solcher Vertrag dennoch. Was daran wirkt, ist, dass der Jugendliche es irgendwie toll findet, dass man selbst ihm zutraut, diesen Vertrag auch einzuhalten, dass man sich die Mühe macht, eigens für ihn und für seine besonderen Bedingungen eine Vereinbarung aufzusetzen. Die damit von außen an ihn herangetragene Erwartung, die er ja als Vertrauensvorschuss empfindet, möchte er nicht so ohne weiteres enttäuschen. Wenn man von ihm so viel hält, dass man an seine Verpflichtung glaubt, dann beginnt auch er, von sich etwas mehr zu halten als zuvor. Mit dem Vertrag wird also eine Weiche in Richtung auf ein besseres Selbstbild und auf ein erhöhtes Selbstvertrauen gestellt, was Gewalt dann entbehrlicher macht.

Die Verpflichtung des Jugendlichen wird nicht nur schriftlich, sondern auch mit einem abschließenden Handschlag und einem mutmachenden Klaps auf die Schulter besiegelt, und ein derart offizieller, ja feierlicher Akt, weil auch Kaffee und Kuchen und ein Blumenstrauß auf dem Tisch die Zeremonie begleiten, macht schon Eindruck. Er ist ein vorweggenommenes Erfolgserlebnis, ein Schlusspunkt am Ende eines zuvor eingefahrenen Gleises und ein Neuanfang zu einem anderen, besseren Leben ohne Gewalt.

Im folgenden Kapitel wird das Anti-Aggressivitäts-Training dargestellt. Auch zu ihm gehört als Abschluss, dass der Jugendliche, der zuvor „auf dem heißen Stuhl" massiv von anderen jungen Menschen mit seinen Taten konfrontiert wurde, per Handschlag jedem der um ihn herumsitzenden Jugendlichen und Pädagogen einzeln verspricht, dass er fortan nicht mehr so schlimm reagieren werde wie so oft zuvor. Das bindet ihn ganz viele Male an die anderen, an sein

Versprechen und an sich selbst, und zwar auch im Sinne von Selbstsuggestion durch vielfache Wiederholung.

Verträge, ob schriftlich oder mündlich, sind also Symbole für neue Bindungen an Normen, Werte, Menschen sowie an ein Weltbild und eine Zukunft, und zwar als Symbole mit Rückwirkung auf den ehemaligen Täter, der ab dann ganz anders auch an sich selbst im Sinne einer Selbstverpflichtung gebunden ist.

8. Das Anti-Aggressivitäts-Training

- *Wenn Jugendliche mit ihren schlimmen Taten durch Gleichaltrige in ähnlicher Lage massiv konfrontiert und auch körperlich bedrängt werden, macht das den größten friedenstiftenden und sie verändernden Eindruck.*
- *Mit dem A-Training der Jugendanstalt Hameln und dem Kriseninterventionsprogramm der Eylardus-Schule für Erziehungsschwierige in Bad Bentheim lässt sich auch bei harten Jungs das Motto „Totreden ist besser als Totschlagen" erfolgreich umsetzen.*
- *Mit dem Coolness-Training auf dem heißen Stuhl lernen junge Menschen, auch Provokationen ohne Gewalt standzuhalten.*

Dass Gewaltlosigkeit sich einüben lässt, wissen wir zum Glück mittlerweile selbst von den allerschlimmsten Fällen. Aber wahrscheinlich ist es so, dass der Schläger erst dann bereit ist, fortan auf Schlagen zu verzichten, wenn er sich mit seinem Schlagen selbst sehr unwohl fühlt, so wie Drogenabhängige erst dann zum Ausstieg aus ihrer Sucht bereit sind, wenn ihnen ihr Leiden unerträglich groß geworden ist. Das Unwohlsein des Schlägers und seine Ausstiegsbereitschaft können vor allem dadurch in der nötigen Weise erhöht werden, dass er massiv mit dem Unmut von Gleichaltrigen, die in einer ähnlichen Lage wie er waren oder sind, konfrontiert wird. Denn die eigene Generation taugt mit ihrem Urteil sehr viel besser für eine erfolgreich verändernde Einflussnahme als Berufspädagogen oder Psychologen, deren Aufgabe eigentlich nur darin besteht, die Konfrontation optimal zu begleiten.

In der Jugend(straf)anstalt Hameln haben Jens Weidner und Michael Heilemann schon vor vielen Jahren ihr „A-Training" erfunden, was für Anti-Aggressivitäts-Training steht. In einem Kurs, der in mehreren Stufen über neun Monate hinwegreicht, werden jugendliche und heranwachsende „Knackis", die zu langwierigen Haftstrafen aufgrund schwerer Raub-, Körperverletzungs- oder Tötungsdelikte und als Wiederholungstäter verurteilt sind, auf dem „heißen Stuhl" mit den schlimmsten ihrer Taten konfrontiert, und zwar durch mehrere andere Straftäter, die im Training genauso weit sind wie sie selbst, durch junge Menschen, die dieses A-Training schon erfolgreich abgeschlossen haben, und durch mehrere Pädagogen und Psychologen. Sie werden körperlich bedrängt, indem sie in der Mitte sitzen und alle anderen Teilnehmer möglichst dicht ringsherum, indem sich viele der Akteure hinter ihrem Rücken befinden, indem an der Kleidung gezupft und der Kopf zum Gesprächspartner hin ausgerichtet wird und indem sie für ihre Taten beschimpft werden: „Du feiges Schwein, wie konntest du einen Behinderten nur wegen 20 Euro aus dem Rollstuhl kippen?" – „Wie schwach von dir, dass du dich an Wehrlosen auslässt!" Das macht Eindruck. Wörter wie „schwach" und „feige" treffen, sie verletzen die Ehre. Und so naht der Zeitpunkt, auch weil alle gleichzeitig auf den Delinquenten einreden, dass er immer leiser wird, nachdem er anfangs noch behauptete: „So war es gar nicht, wie die Polizei aufgeschrieben hat." Es beginnt also stets mit der Bagatellisierung und Selbstrechtfertigung, dann wird das Selbstbewusstsein angeknackst, dann wird die Stimme leiser und stockender, und dann gibt der junge Mensch irgendwann mit rotem Kopf kleinlaut zu: „Ja, das war nicht in Ordnung." Am Ende muss er vorschlagen, wie er sich vorstellt, das Angerichtete ein Stück weit wieder beim Opfer gutzumachen, und sei es symbolisch. Zwischendurch werden übrigens immer wieder motorische Entspannungsübungen eingebaut, um zu entlasten und um ein neues Verhältnis zum eigenen Körper aufzubauen.

Aber auch in Schulen lässt sich in weniger schwierigen Fällen ein ähnlicher Erfolg erzielen. In der Eylardus-Schule für Erziehungsschwierige im niedersächsischen Bad Bentheim wird die Methode des Anti-Aggressivitäts-Trainings auf dem „heißen Stuhl" benutzt, um Jugendliche mit ihren aggressiven Neigungen zu konfrontieren und sie am Ende zur Wiedergutmachung und zum Versprechen gegenüber allen Teilnehmern und gegenüber sich selbst zu veranlassen, so etwas nie wieder zu tun. Die Bindung an eine gewaltlose Zukunft wird dabei per Handschlag mit allen am Training beteiligten Personen, also Jugendlichen und Erwachsenen, besiegelt.

Der Leiter dieser Schule in Bad Bentheim sagt dazu, dass man auf der Pädagogenseite erst lernen musste, dass die in den letzten drei Jahrzehnten vorherrschende bloße Verstehenspädagogik nicht ausreiche, um junge Menschen von ihrer Gewalttätigkeit abzubringen, sondern dass diese auch fortan wichtige Pädagogik des Verstehens junger Menschen dringend um eine Konfrontationspädagogik erweitert werden müsse, damit sich eine Einstellungs- und Verhaltensänderung per Überzeugung auch auf Dauer ereignet. „Kriseninterventionsprogramm" oder „Coolness-Training" nennt man diese neue aus Verstehen und Konfrontieren kombinierte Pädagogik. Und zu ihr gehören am Ende auch die „Provokationstests". Mit ihnen wird überprüft, ob das Lernziel wirklich erreicht ist. Der in der Mitte sitzende junge Mensch wird auf das Schlimmste angemacht und beschimpft; normalerweise hätte er früher sofort zurückgeschlagen. Aber nun ist er gegen das Schlagen geimpft; überdies verfügt er trainingsbedingt inzwischen über Verhaltensalternativen, mit denen er anders als früher auf Krisen, Versagenserlebnisse, Niederlagen, Konflikte, Probleme oder Provokationen zu reagieren vermag, also zum Beispiel über die Fähigkeit des Argumentierens. In Hameln übertitelt man das Lernziel des A-Trainings deshalb auch so: „Totreden ist besser als Totschlagen".

Die Eylardus-Schule für Erziehungsschwierige in Bad Bentheim hat mit ihrem massiven Kriseninterventionsprogramm die Zahl der Gewalttaten ihrer Schüler auf weniger als die Hälfte zurückfahren können, und – was der entscheidende Erfolg ist – wirklich schlimme Gewalttaten kommen dort so gut wie gar nicht mehr vor. Voraussetzung dafür war allerdings ein Konsens im Lehrerkollegium, stets sofort und direkt zu intervenieren, Täter und Opfer bis zur abschließenden Klärung des Konflikts sehr ernst zu nehmen und jeden Streit noch am selben Tag zu lösen und zu einem Ausgleich zu führen. Wenn der Jugendliche, der auf dem heißen Stuhl in der Mitte sitzt, mit für ihn ungewohnten Schlüsselfragen wie „Wer bist du eigentlich?", „Wer mag dich überhaupt?" oder „Mag deine Mutter dich?" durch Gleichaltrige konfrontiert wird, wird etwas in ihm ausgelöst, hinter das er nie mehr zurückkann. „One-Way-Ticket" nennt man die Folge dieser Methode, die den Blick auf sich selbst so entscheidend zu wandeln vermag.

9. Der Täter-Opfer-Ausgleich

- *Der Täter-Opfer-Ausgleich holt das Opfer aus der Anonymität und die Tat aus der Abstraktion.*
- *Er belastet den Täter in Richtung Läuterung und entlastet das Opfer im Sinne einer ausgleichenden Gerechtigkeit.*
- *Während des Täter-Opfer-Ausgleichs wird auch der Täter zum Opfer.*
- *Der Täter-Opfer-Ausgleich reduziert die Gefahr des Rückfälligwerdens, und er wirkt präventiv auch auf die Peer-Group des Täters.*

Das Konzept des Täter-Opfer-Ausgleichs ist sehr einfach und sehr erfolgreich. Es ist von Polizisten, Staatsanwälten und Jugendrichtern erfunden worden und hat drei Absichten:

- Der Täter soll sehen, was er angerichtet hat.
- Das Opfer löst sich aus der Anonymität und die Tat aus der Abstraktion.
- Der Ausgleich besteht darin, dass der Täter belastet und das Opfer entlastet wird.

Mit dem Einverständnis des Opfers und seiner Angehörigen wird der Täter zum Beispiel von der Polizei an das Krankenbett seines Opfers geführt. Dort hört er das Stöhnen, sieht das Bluten, die Verletzungen oder die irreparablen Schäden, die durch seine Tat verursacht wurden, und wird mit dem Weinen der Angehörigen konfrontiert. Er wird so zum nachträglichen Einfühlen und Mitleiden gezwungen, was ihn belastet.

Die zuvor im Dunkeln gegenüber einem Unbekannten ausgeübte Tat wird plötzlich für den Täter konkret, so dass er seinerseits blass und leidend wirkt, was dem Opfer ein Stück weit Entlastung verschafft: „Wenigstens hat er nun erlebt, dass seine Tat über die geraubten 20 Euro hinaus noch weitere und viel schlimmere Folgen hat." Oft setzt damit beim Täter ein heilender Läuterungsprozess ein, der die Gefahr der Wiederholung über den Umweg der Abschreckung reduziert. Manchmal entsteht auf diese Weise sogar eine emotionale Beziehung zwischen Täter und Opfer; auf jeden Fall muss der Täter-Opfer-Ausgleich aber immer in eine Art Wiedergutmachung einmünden, und wenn die nicht automatisch als Bedürfnis des Täters einsetzt, muss der Richter dafür sorgen. Das Schlimmste lässt sich nicht mehr gutmachen, aber zumindest kann der entstandene materielle Schaden vom Täter zum Teil oder gänzlich ausgeglichen werden, oder es ist eine ganze Menge an symbolischen Ausgleichsbemühungen gegenüber dem Opfer, seiner Familie oder der Gesellschaft möglich.

Wenn wir es mit dem Opferschutz ernst meinen, dann muss eigentlich als Folge einer jeden Straftat so etwas wie ein Täter-Opfer-Ausgleich stattfinden, auch bei Gewaltdelikten in der Schule. Die Praxis unseres Rechtsstaates ist jedoch leider oft immer noch so, dass das Opfer nicht einmal erfährt, wie der Täter bestraft worden ist. Wenn Jugendliche, die jemanden schwer zusammengeschlagen haben, nicht einmal erleben, was sie konkret bei ihrem Opfer, in seinem Umfeld und für dessen Zukunft angerichtet haben, und wenn ihre Gerichtsverhandlung erst anderthalb oder zwei Jahre nach der Tat beginnt, dann bleibt ihre Tat für sie wahrlich abstrakt, dann bleibt ihr Opfer für sie völlig anonym. Und damit begünstigen wir sowohl die Bagatellisierung und Selbstrechtfertigung im Opfer als auch die Wiederholungsgefahr, und das ist das Gegenteil von Gewaltprävention.

Der Täter-Opfer-Ausgleich hingegen verändert nicht nur den Täter grundlegend, er strahlt auch positiv auf seine Freunde, seine Kumpel oder seine PeerGroup aus, wenn er von seiner Begegnung mit seinem Opfer und seinem dadurch bewirkten eigenen Leiden berichtet oder wenn er seine daraus resultierende Wandlung im Sinne von Läuterung nicht verbergen kann.

Es ist nicht sinnvoll, gegen Jugendliche erst zwei Jahre nach einer schlimmen Tat eine Gerichtsverhandlung anzusetzen. Sie brauchen eine Sofortreaktion, weil sie sonst zum Verdrängen neigen. Der Täter-Opfer-Ausgleich ist die Chance zu einer konkretisierenden konfrontierenden Sofortmaßnahme, und insofern ist er außerordentlich effizient.

10. Mitternachtssport als Ventil

- *Mit ehemaligen Sport-Stars, die selbst den Weg aus dem Sumpf in die höchsten Höhen des Erfolgs geschafft haben, identifizieren sich Jugendliche leicht und mit positiven Effekten.*
- *Mitternachts-Fuß- und -Basketballturniere reduzieren Straftaten, während sie stattfinden und auch auf Dauer.*
- *Sie kanalisieren nicht nur Aggressionen, sondern schaffen auch eine neue Akzeptanz von Regelhaftem.*
- *Indem sie legale Erfolge ermöglichen, werden Scheinerfolge im Illegalen unattraktiver.*

Das Gymnasium Billstedt in Hamburg liegt in einem relativ problematischen Stadtteil, in dem Jugendgewalt nicht gerade selten ist. Also hat man an dieser Schule das „BE-Projekt" eingerichtet. B steht für Basketball und E für Englisch. Ein ehemaliger Profi der NBA, der US-Basketball-Liga, bietet den Schülern mit seiner Person an, dass er ihnen sowohl Englisch als auch Basketball beibringt. Für sie ist er ein Idol, sie identifizieren sich mit ihm; er vermag ihre Aggressionen auf diese Weise zu binden und sinnvoll in den Sport hineinzukanalisieren, auch weil er ihnen berichten kann, dass er den Aufstieg aus einem gewaltreichen Jugendmilieu bis zu den höchsten Ebenen des sportlichen Erfolgs geschafft hat.

In Hamburg-Lohbrügge gibt es sehr viel rechtsradikale Jugendgewalt. Die Polizei vermochte sie aber ein Stück weit aufzufangen, indem sie – ebenfalls mit Hilfe eines Ex-NBA-Profis dunkler Hautfarbe – seit einiger Zeit einmal pro Woche in einer Turnhalle mitternächtliche Basketballturniere für alle interessierten Jugendlichen des Stadtteils und des weiteren Umfeldes anbietet. Und die polizeilichen Statistiken werfen aus, dass jeweils in dieser Nacht deutlich weniger Straftaten von Jugendlichen begangen werden und dass es darüber hinaus noch den gewünschten Langzeiteffekt gibt, dass Jugendgewalt in Lohbrügge auch im Allgemeinen, also über den Turniertag hinaus, abgenommen hat.

Mit dem gleichen Ziel und Effekt bietet die Polizei von Magdeburg mehrmals im Monat Mitternachts-Fußballturniere an.

Mit solchen Sportturnieren werden nicht nur frustabbauende und aggressionskanalisierende Ventile zur Verfügung gestellt, sondern es werden jungen Menschen mit ihnen zugleich alternative Erfolgserlebnisse ermöglicht, über die sie ein besseres Verhältnis zu ihrem eigenen Körper und zu ihrem Ich gewinnen. Darüber hinaus machen sie über die Turniere ganz andere soziale Erfahrungen als in ihrer jeweiligen oft sehr misslichen Jugendkultnische und lernen die Bedeutung von Regeln und Grenzen, an die sie sich zum Gelingen ihres „körperbetonten" Mannschaftsspiels halten müssen. Sie erfahren am Beispiel des Sports, dass man auch mit der Akzeptanz von Regeln tüchtig und beliebt werden und einen Ansehenszugewinn erreichen kann. Vor allem erleben sie aber dadurch, dass sie sich mit Erfolgen innerhalb der Grenzen von Regeln wesentlich besser fühlen als mit Scheinerfolgen, die sie außerhalb der gültigen Normen, Werte und Gesetze erzielen. Das tut ihnen derart gut, dass sie fortan eher geneigt sind, auf Gewalttätigkeiten zu verzichten, als zuvor, zumal wenn sie am konkreten Lebensweg eines Ex-Stars leibhaftig bestätigt finden, dass auch aus dem Sumpf noch immer ein Weg heraus und nach oben möglich ist.

11. Knasthospitationen zur Abschreckung

- *Schließt man jugendliche Gewalttäter einen Tag lang in Vollzugsanstalten ein, damit sie eine Vorstellung vom Leben hinter Gittern bekommen, dann sind sie danach nur kurz kuriert, keineswegs aber auf Dauer.*
- *Nur ein einziger Tag im Knast ist eine zu geringe Erfahrungs- und Lerndosis, um eine langfristige positive Verhaltensänderung zu bewirken. Die anfangs deutlichen Eindrücke werden bald wieder verdrängt.*

Dieses Kapitel lässt sich besonders kurz abhandeln. Denn Knasthospitationen sind zwar gut gemeint, aber ziemlich wirkungslos, es sei denn bei Jugendlichen, die ohnehin nicht zu Gewalttätigkeiten neigen.

Angeregt von einem dementsprechenden Experiment in New York ist die ehemalige Hamburger Justizsenatorin Lore Maria Peschel-Gutzeit auf die Idee gekommen, jugendliche Mehrfach- oder Rückfalltäter durch Jugendrichter dazu verurteilen zu lassen, dass sie einen Tag von frühmorgens bis spätabends in einer Vollzugsanstalt zu hospitieren haben, indem sie mit den Strafgefangenen sprechen und miterleben, wie sie den Tag verbringen, sehen, wie sie sich fühlen, und hören, was sie zu ihrer Vergangenheit und ihrer Zukunft, aber auch zu ihren Opfern zu sagen haben.

Diese Nähe zu den Folgen von Straftaten soll abschreckend wirken; aber wir wissen mittlerweile aus New York, wie diese Abschreckung wirklich abläuft:

- Hält man solch einem Hospitanten unmittelbar nach zwölf oder 14 Stunden Knasterfahrung ein Mikrofon unter die Nase, erklärt er kreidebleich: „Nun weiß ich, wie schrecklich die Folgen einer Verurteilung und der Strafvollzug sind; ich werde nie wieder etwas Schlimmes tun."
- Aber am nächsten Tag relativiert er bereits: „Wahrscheinlich werde ich nie wieder etwas Schlimmes tun."
- Und am darauf folgenden Tag tut er genau wieder das Schlimme, mit dem er sich zuvor die Knasthospitation eingebrockt hat.

Ein lediglich einmaliger Eindruck nur eines einzigen bedrückenden Tages hinter Gittern zeitigt offenbar noch keineswegs die erstrebten Dauererfolge. Schließlich benötigt man in der Jugendanstalt Hameln immerhin neun Monate, um über das Anti-Aggressivitäts-Training die gewünschten langfristig wirksamen Verhaltensänderungen bei etwa zwei Dritteln der Teilnehmer zu erzielen. Trotz der geringen Erfolgsquote verordnen Hamburger Jugendrichter jedoch immer noch Knasthospitationen als Strafmaßnahmen.

12. Bindungen an Menschen, Weltbild und Zukunft

- *Wenn diese drei erwünschten Bindungsarten, die vor Verwahrlosung schützen, nicht gegeben sind, sucht der junge Mensch missliche Ersatzbindungen in Form von „schlechtem Umgang", in Ideologien, Sekten oder in anderen abartigen Nischen und eine Zukunft jenseits der Legalität.*
- *Die drei lebensnotwendigen Bindungen lassen sich mit erhöhtem Aufwand auch noch im Jugendalter nachträglich herstellen.*

Wir sind in den vorherigen Kapiteln bereits darauf eingegangen, aber der Vollständigkeit halber muss es hier noch einmal unter den erfolgreichen Handlungskonzepten gegen Gewalt angeführt werden:

Alle Menschen, also auch Kinder, haben drei Arten von Bindungsbedürfnissen. Wenn ihnen eine davon oder zwei oder alle fehlen, sind sie defizitär, dann begeben sie sich auf die Suche nach Ersatzbindungen. Alle brauchen:

- die Bindung an zumindest einen Menschen (Bezugsperson), besser sind aber mehrere. Wenn ihr Bezugspersonenbedürfnis, zu dem auch das Familienbedürfnis gehört, unstimmig bleibt, begeben sie sich auf die Suche nach Ersatzpersonen, die eventuell zu einem sehr „schlechten Umgang" werden können. Letztlich ist dann sogar keine Nische abartig genug, um nicht wenigstens dort noch Geborgenheit, Solidarität, Anerkennung und Ersatzerfolge zu finden. Wer kein Familienleben hat, sucht sich daher zunächst Halt in einer Jugendbande.
- Alle jungen Menschen brauchen die Bindung an ein Weltbild, an Normen und Werte, die ihnen Orientierung geben. Das kann auch eine Religion oder ersatzweise eine Ideologie oder eine Subkultur, aber auch eine esoterische Ecke sein. Skinheads, Neonazis, Grufties, okkultistische oder „Schwarze Messen" initiierende Satanskultgruppen bieten Weltbildersatz, eventuell aber auch eine Sekte oder so etwas wie Gläserrücken, Pendeln oder das Legen von Tarotkarten.
- Alle jungen Menschen brauchen die Bindung an ihre eigene Zukunft, also Motivationen, Perspektiven oder einen Lebensplan. Wenn sie das nicht haben, weichen sie aus in Traumwelten, Phantasien oder Utopien mit völlig unrealistischen Perspektiven (sie

wollen Pilot oder Fremdenlegionär werden oder ein erfolgreicher Dealer), oder sie driften in die Rauschzustände der Drogenszenerie ab.

Wenn diese drei Bindungen erzieherisch nicht in die allgemein erwünschten Richtungen hin aufgebaut werden konnten und der junge Mensch „aus dem Ruder gelaufen" ist, dann muss mit hohem pädagogischem Aufwand eine Weichenstellung eingeleitet werden:

- Jugendliche ohne oder mit schlimmen Bezugspersonen bezeichnen wir als bindungslos oder verwahrlost. Ihnen muss eine Bezugsperson geboten werden, zu der Sympathie möglich ist, die unausweichlich ist, die also rund um die Uhr familienersetzend mit dem jungen Menschen zusammenlebt. Diese Person muss Forderungen stellen, deutliche Aussagen und Verbote treffen– also autoritär und liebevoll zugleich auftreten –, und sie muss dann langsam zum autoritativen Führungsstil übergehen, der um die Zustimmung des Kindes oder Jugendlichen ringt. Die Sympathie zu einer Bezugsperson muss anfangs oft erkauft werden.
- In der autoritativen Phase beginnt der neue Weltbildaufbau. Der junge Mensch wird in ihr an gesellschaftlich erwünschte oder akzeptierte Normen, Werte, Regeln und Gesetze per Erfolg und Überzeugung gebunden.
- Dann folgt die Bindung an die Zukunft: Der Hauptschulabschluss wird nachgereicht, und eine Berufsausbildung wird eingeleitet; später wird ein passender Job gesucht, und es wird begünstigt, dass eine eigene Wohnung und eine Freundin oder ein Freund gefunden werden, die oder der als neue Bezugsperson für eine gewaltfreie Zukunft taugt und ein Etablieren in der Gesellschaft ermöglicht.

In den USA gibt es für schwer gewalttätige Jugendliche militärähnliche Disziplin-Camps. Wer dort hineinkommt, kommt nicht zum Nachdenken, denn der ganze Tag ist mit Wecken, Waschen, Essen, Arbeiten, Drill, Sport und Schlafen lückenlos gefüllt. Der Körper wird gereinigt, das alte Leben wird mit glatt rasierten Schädeln vergessen gemacht. Es vollzieht sich dort ein Entzug von Drogen, Gewalt, Clique, Mädchen und Langeweile , wobei die militärischen Befehle keinerlei Diskussion, kein Nein-Sagen und auch keine Überzeugungsarbeit zulassen.

Da der Körper rund um die Uhr bis zum Äußersten strapaziert wird, führt dies eigentlich nur zu einer Abschreckung vor weiteren bzw. wiederholten Camps solcher Art. Bei manchem schweren Jungen wirkt das sogar, aber eine Bindung an Menschen, an Werte und an ein Weltbild und die eigene Zukunft wird damit noch keineswegs hergestellt.

In Deutschland gibt es ähnliche Camps, beispielsweise die Besserungsanstalt von Lothar Kannenberg, einem ehemaligen Berufsboxer. Kannenberg ist kein Pädagoge, aber er arbeitet sehr erfolgreich. 120 hoffnungslose junge Wiederholungstäter sind bereits durch seine Hände gegangen, nur 40 davon sind rückfällig geworden. Lothar Kannenberg schafft den Drogenentzug und die körperliche Stärkung über Boxen, er hat aber auch die Konfrontation auf dem heißen Stuhl in seinem Programm. Was da so zu ihm geschickt wird, sind die härtesten und hoffnungslosesten Fälle, die schon im Knast, in der Psychiatrie und in zahlreichen Heimen waren; sie haben auf der Straße gelebt, sich fast nie gewaschen, und sie haben viel geschlagen, geklaut, erpresst, gedealt, gesoffen, gedopt und vergewaltigt.

Also müssen sie erst einmal ein Kreuz mit ihrem Namen auf dem Friedhof der Einrichtung verankern, als Symbol für den endgültigen Abschied vom alten Leben. Dann bekommen sie ein weißes Hemd; wer später ein blaues Hemd erhält, darf schon Pate für einen Neuen sein. Beim Essen brennen Kerzen, und auch sonst gibt es feste Regeln und Rituale, die Halt im Sinne von Rhythmisierung des Tages geben. Alles ist berechenbar für die 14- bis 21-Jährigen, auch der Wechsel von massiver Konfrontation des Fehlverhaltens und In-den-Arm-Nehmen. Respekt ist das oberste Motto. Jeder hat jeden im Camp zu respektieren. Neben Sport und Arbeit gehört auch Schule zum festen Programm. Lothar Kannenberg überzeugt: Er war Wirtschafter in einem Puff, er war Türsteher, er hat auf der Straße gelebt, er hat Drogen genommen, er war Alkoholiker, er hatte Krebs, und er war ein erfolgreicher Boxer, aber nie Pädagoge, und er ist immer noch mit seinen 50 Jahren stärker als jeder seiner Jungs. Das alles zusammen überzeugt so sehr, dass manch einer seiner schlimmen Klienten nicht nur lernt, das erste Mal in seinem Leben zu weinen, sondern sogar den Wunsch hegt, Erzieher zu werden.

Interessant ist, dass viele Jugendliche nach dem sechsmonatigen Kurs gelegentlich zu Besuch zu Lothar Kannenberg zurückkommen oder ihn anrufen und um Rat fragen. So etwas ist von den amerikanischen militärähnlichen Camps nicht bekannt.

13. Erfolgserlebnisse gegen Gewalt

- *Kinder sind geborene Lerner, sie wollen etwas können, und sie wollen anderen Menschen gefallen. Beides kann man auch dann wieder aufleben lassen, wenn es bereits verschüttet war.*
- *Auch der schlimmste Gewalttäter hat Ansatzpunkte für Erfolgswünsche; wir müssen es organisieren, dass sie möglichst oft herausgefordert werden.*
- *Die Anerkennung durch nur wenige Gleichgesinnte in einer Randgruppe und die Ersatzbefriedigung sind nie so schön wie der gesellschaftlich erwünschte Erfolg.*

Gewalttätige Jugendliche sind „erfolgreiche" Schläger, Mobber, Zerstörer, Räuber und Diebe, weil sie in den gesellschaftlich anerkannten Leistungsbereichen zu oft versagt haben und zu viele Niederlagen einstecken mussten. Sie befinden sich in gewohnheitsbedingten Teufelskreisen, aus denen sie nur entkommen können, wenn wir ihnen helfen, von uns erwünschte oder akzeptierte Erfolge zustande zu bringen.

Jeder junge Mensch sehnt sich eigentlich immer nach gesellschaftlich anerkannten Erfolgen, er möchte Respekt und Resonanz ernten, wie die Finnen über ihre Schüler sagen. Sein Gewaltmissbrauch ist letztlich ein Aufschrei, mit dem er kundtut, dass er das Erwünschte nicht direkt hinbekommt, sondern dass er nur unerwünscht etwas schafft, was aber zumindest bei den wenigen Gleichgesinnten für Respekt sorgt. Und das ist schon mal mehr als gar nichts.

Wir müssen also bei Gewalttätern sehr genau hingucken, wo bei ihnen ein Ansatz für gesellschaftlich erwünschte Erfolge besteht. Irgendetwas Gutes kann nämlich jeder. Das dicke Kind, das bei der Mannschaftswahl im Sportunterricht immer bis zuletzt übrig bleibt, das nicht singen und rechnen kann, ist vielleicht zu großen sozialen Leistungen fähig. Der schwache Schüler ist vielleicht ein hervorragender Torewerfer beim Handball. Derjenige, der viel zu oft lügt und klaut, kann eventuell ausgezeichnet gut zeichnen, usw.

Lehrer, die einen oft gewalttätigen Schüler haben, der auch noch Außenseiter in der Schülergruppe ist, finden immer einen Schlüssel, um so einen Jungen dennoch auf Erfolgskurs zu bringen; sie müssen nur organisieren, dass er das, was er dennoch kann, möglichst oft zur Entfaltung bringen darf. In dem Maße, wie das gelingt, ereignet sich Entlastung von Fruststau, wächst das Selbstvertrauen unter dem Motto „Ich kann doch etwas, und das wird auch benötigt; ich bin also nicht völlig nutzlos." Es steigt darüber hinaus auch das Ansehen in den Augen der Mitschüler: „Für etwas ist er ja doch gut."

Wir sprechen vom Organisieren von Erfolgserlebnissen gegen Gewalt. Was daran funktioniert, ist eigentlich nur das: Jeder Mensch möchte lieber gesellschaftlich anerkannt sein als ersatzweise am Rande oder außerhalb der Gesellschaft. Am Ende sind die Anerkennung durch nur wenig Gleichgesinnte in einer Randgruppe und die Ersatzbefriedigung nämlich nie so erfüllend wie die allgemein anerkannten Leistungen. Und wenn das gelingt, sprechen wir von der Etablierung des Lebensweges. Wie nannte das Joschka Fischer einmal bezogen auf sein eigenes Leben gegenüber Journalisten? „Jeder Mensch hat das Recht auf eine ins Positive gebrochene Biographie!"

14. Stärkung der Opfer

- *Opfer müssen lernen, notfalls angemessen aggressiv sein zu können.*
- *Da, wo Opfer ihren Schwachpunkt haben, müssen sie auch mal das Verbotene tun dürfen.*
- *Das Opfer muss lernen, die Aggression an den Aggressor zurückgeben zu können.*
- *Opfer signalisieren oft ihre Opferbereitschaft.*

Innerhalb der wissenschaftlichen Disziplin Kriminologie gibt es den Zweig der Viktimologie. Die Viktimologie ist die Lehre vom Opfer, und die besagt vor allem, dass Opfer eine Bereitschaft dazu haben, Opfer zu werden, dass Täter den Opfern ihre Opferbereitschaft anmerken und dass viele Opfer immer wieder Opfer werden.

Opfer werden insbesondere deshalb Opfer, weil sie sich nicht zu wehren wissen. Deshalb legen Opferschutzprogramme, gerade auch für Schulen, Wert auf zwei Hauptpunkte:

- Opfer müssen lernen, sich angemessen entscheiden, wehren, behaupten und durchsetzen sowie nein sagen zu können; sie müssen aber in Notwehrsituationen auch aggressiv sein können, also bis zu der Grenze gehen, die ihnen erlaubt ist; denn Opfer neigen dazu, sich im Konfliktfall regressiv in ihr „Schneckenhaus" zurückzuziehen.
- Indem sie fähig gemacht werden, sich notfalls wehren zu können, treten sie selbstsicherer auf, so dass sie für die Opferrolle nicht mehr so häufig wie zuvor in Frage kommen.

Wenn es um die Stärkung der Opfer geht, müssen sie immer genau dort stark gemacht werden, wo sie schwach sind:

- Wer mit sechs Jahren feinmotorisch gestört ist, deshalb ungelenk auftritt und ständig in Sachen hineinläuft bzw. Dinge umstößt und deshalb so ausgelacht und gehänselt wird, dass er sich überhaupt kaum noch etwas im Bewegungsbereich zutraut, kann große Fortschritte machen, indem er ein Kickboard erhält, viel damit trainiert und deshalb geschickter wird.
- Wer stottert, lernt sein Stottern zu akzeptieren und mit singendem Sprechen und häufigem Telefonieren zu minimieren (Stotterer stottern nicht beim Singen und auch nicht, wenn sie ohne Augenkontakt zum Gesprächspartner sprechen).
- Kinder mit einer defizitären Sprachentwicklung, die zum Schweigen und zum Rückzug neigen, weil sie sich nicht in ihrer Sprache behaupten können, lernen spracharmes Argumentieren.
- Kinder, die immer wieder verprügelt werden, müssen lernen, zurückschlagen zu können.
- Kleine zarte Mädchen lernen Judo oder Karate, so dass sie fortan selbstbewusster aufzutreten vermögen, ohne eine Opferbereitschaft zu signalisieren.
- Schüchterne Jungen werden bei einem Rugbyverein angemeldet, um über die Sicherheit der Regelhaftigkeit in dieser sehr körperbetonten Mannschaftssportart Vertrauen in ihre Wehrhaftigkeit aufbauen zu können.

- Gehänselte Kinder lernen, Beleidigungen kommentarlos zu ignorieren, sich umzudrehen und aufrecht wegzugehen.
- Außenseiter lernen, Hilfe holen zu können, indem ihre sozialen und kommunikativen Fähigkeiten geschult werden.
- Wer außengelenkt statt innengesteuert ist, deshalb jedem Trend folgt und leicht verführbar ist, lernt über vielfache Trainingssituationen das Neinsagen.

Die Stärkung der Opfer besteht also darin, sie gegenläufig zu ihrem Naturell oder ihrer erlernten Rückzugsbereitschaft offensivfähig zu machen. Man ermöglicht ihnen damit ein sichereres Auftreten, was sie schützt, und macht sie bereit, bis an die äußersten Grenzen des Erlaubten zu gehen. So trainiert man mit ihnen vorübergehend auch den Grenzübertritt, den sie noch nie gewagt haben: „Beschimpf mich einmal mit den schlimmsten Wörtern, die dir einfallen!"; „Du darfst mich hauen, und ich werde mich nicht wehren." Dieses für sie ungewohnte Neuland gibt ihnen ein ganz anderes Gefühl für Grenzen; denn Grenzen muss jedes Kind auch gelegentlich einmal von der verbotenen Seite her erleben, damit die erlaubte Seite geschätzt und zum eigenen Sich-Wehren auch genutzt wird.

Und wenn dieses alles dennoch nichts hilft, bleibt immer noch die Möglichkeit, das Kind in denjenigen Anteilen seiner Persönlichkeit zu bestärken, in denen es schon jetzt erfolgreich ist: „Mach dir nichts draus, dass die anderen dich immer auslachen, dass die Lehrer dich nicht unterstützen, denn du und wir wissen ja, wie viel du wert bist und was du kannst! Später hast du mit diesen Leuten nichts mehr zu tun, und wenn du in der weiterführenden Schule, in einer anderen Klasse und ein paar Jahre älter bist, spielt das, weswegen du heute gehänselt wirst, gar keine Rolle mehr." Bei dieser Art von Stärkung des Schülers geht es um das Ableiten von Aggressionen anderer ins Nichts oder um den „Return" (tennissprachlich formuliert) der Aggression zurück zum Aggressor („Dem muss es ganz schlecht gehen, dass er so etwas Feiges tut; wahrscheinlich wird der zu Hause immer geschlagen, der Arme").

Wenn das Stärken, das Vermeiden, das Ableiten und der „Return" aber nicht funktionieren, wenn sich Hoffnungslosigkeit bei den Eltern und Pädagogen eines Immer-wieder-Opfers breitmachen, dann bleibt immer noch dreierlei:

- Die Täter werden mit ihren Taten (zum Beispiel auch durch den Täter-Opfer-Ausgleich) konfrontiert, und ihr Handeln wird durch Gleichaltrige verpönt;
- die Opfer lernen, die Aggression des Täters in ihr eigenes taktisches Verhalten umzuleiten; sie wehren sich zwar nicht, aber sie bitten Mitschüler um Hilfe, sie bitten ihre Eltern darum, einen Elternabend mit diesem Thema zu erreichen, sie wenden sich an Lehrer, an Schulleiter, an Polizisten oder an andere Erwachsene mit Hilferufen;

15. Konfliktlotsen und Streitschlichter

- *Wenn Zuschauer zu Zivilcourage und zu vielen Verhaltensalternativen auch für lähmende Konflikte fortgebildet werden, vermögen sie sich präventiv, deeskalierend und problemlösend einzumischen.*
- *Zuschauer sind oft Voyeure oder hilflose Gaffer; sie verstecken sich hinter ihrer Erschöpfung, ihren Ängsten oder ihrer Ohnmacht, oder sie fühlen sich im Angesicht von Gewalt wie in einem Film oder in einer Peep-Show.*

Die größte Gruppe in einer Gewaltsituation stellt meist die der Zuschauer dar. Sie sind entweder Voyeure, finden es also interessant, belustigend oder spannend, Zeuge bei Auseinandersetzungen zu sein, oder sie sind zwar zutiefst betroffen, ängstlich oder mitleidend, wissen aber nicht, wie man sich abwehrend, einmischend oder deeskalierend verhalten kann.

Einige Zeitgenossen beklagen, wir würden immer mehr zu einer „Nur-Guck-" bzw. „Wegschaugesellschaft" werden, weil sich viele Menschen im Angesicht wirklicher Gewalt so benehmen, als säßen sie in einem Film. Andere wissen zwar um den Ernst der Lage, entscheiden sich aber für das persönliche „Ohne-mich".

Es ist jedoch nicht nur der schlechte Charakter, der viele Gewaltzeugen in der bloßen Beobachterrolle verharren oder lieber wegsehen lässt:

- Einige haben schlichtweg Angst davor, selbst etwas auf den Kopf zu bekommen und ebenfalls zum Opfer zu werden, wenn sie sich einmischen.
- Andere glauben, sie würden die Belastung der Einmischung nicht überstehen, weil sie sich ausgebrannt fühlen oder weil sie kein Blut sehen können; ihnen sind die vielen Belastungen ihrer zahlreichen kleinen Alltagswelten bereits so beschwerlich, dass sie sich aus Egoismus eine Zusatzbelastung, die sich eventuell durch das Einmischen ergibt, ersparen wollen. So ist ihnen schon die Vermutung zu anstrengend, sie müssten in der Folge ihrer Einmischung später als Zeuge vor Gericht erscheinen.
- Es gibt Menschen, die aus Angst vor späteren Regressforderungen, falls sie etwas falsch machen, lieber gar nichts tun.
- Die meisten sind zwar bereit, sich einzumischen oder zu helfen, sind aber völlig hilflos; sie bleiben im Angesicht von Gewalt oder von Gewaltfolgen gelähmt; sie erstarren vor lauter Ohnmachtsgefühlen in der Rolle des Gaffers.

Hier setzen die nordrhein-westfälischen Streitschlichter- und die niedersächsischen Konfliktlotsenkonzepte an. Der Zuschauer soll mit ihnen in die Lage versetzt werden, sich problemlösend einzumischen; er wird also vom Voyeur, Angsthasen oder Gaffer zu einem kompetenten Krisenmanager fortgebildet, der über so viele Handlungsalternativen verfügt, die er eintrainiert hat, dass er auch in lähmenden Situationen sofort weiß, ob es besser ist zu argumentieren, zwischen die Kontrahenten zu treten, Hilfe zu holen, abzuwarten, Gremien einzuschalten oder politisch aktiv zu werden.

Zu Streitschlichtern werden sowohl Lehrer ausgebildet als auch Schüler, und zwar in mehrmonatigen Kursen entweder durch die Unternehmensberatungsfirma Dyrda & Partner in Neuss (Nordrhein-Westfalen) oder durch die Polizei (Kreis Borken) oder durch das Kriminologische Forschungsinstitut Niedersachsen in Hannover mit seinem Leiter Christian Pfeiffer oder durch Seminare in Frankfurt am Main, die mit einem Zertifikat als Anti-Aggressivitäts-Trainer abgeschlossen werden.

Streitschlichter an Schulen werden aktiv, wenn sie Konflikte sehen oder von ihnen hören, sie bieten täglich Sprechstunden an, zu denen Kontrahenten gemeinsam kommen oder in denen sich Opfer hilfesuchend einfinden können.

Besonders geeignet für die Ausbildung zu Streitschlichtern sind Schüler der Klassenstufen 3 bis 6 sowie 10 bis 13. In den Klassen 7 bis 9 hat man aufgrund der eher hinderlichen Pubertätswirren nicht so gute Erfahrungen mit ihnen gemacht; allerdings sind auch diese Schüler oft hervorragende Streitschlichter, wenn sie zuvor, also in den Klassenstufen 3 bis 6, zu ihnen ausgebildet worden sind.

Erfolgreich sind Streitschlichter jedoch immer nur dann, wenn sie authentisch, also selbst vorbildlich in Bezug auf Problem- und Konfliktlösungen sind. Wer selbst gelegentlich gewalttätig ist, ist für andere Schüler nicht glaubwürdig genug, als dass er überzeugender Mediator, Moderator oder Friedensstifter sein könnte. Denn der „Wolf im Schafspelz" wäre eher einem gewalttätigen Mafia-Boss vergleichbar, der mit doppelter Moral in diesem Moment den Auftrag zu einem Mord gibt und im nächsten zwei Kontrahenten seiner Bande auffordert, ihren Zwist beizulegen, weil sich Streit untereinander nicht schickt.

16. Höflichkeitserziehung

- *Jugendliche wollen wieder höflich sein können, wenn es darauf ankommt.*
- *Sie haben erkannt, dass es in einer immer beschäftigungsärmer werdenden Welt mehr denn je darauf ankommt, sich angemessen zu kleiden und zu verhalten, wenn man beruflich erfolgreich sein will.*
- *Aus Norwegen wissen wir: Das schulische Prinzip Höflichkeitserziehung vermag auf die ganze Gesellschaft friedensstiftend auszustrahlen.*

▪ *Norwegische Lehrer lernen, wie man Schüler begrüßt und wie man „bitte" und „danke" sagt; sie werden damit zu authentischen Vorbildern der Gewaltlosigkeit. Dass muss jetzt auch auf unser Land herüberschwappen, denn es wirkt mehr, als man zunächst annimmt.*

Junge Menschen sind zwar höchst unterschiedlich, also eigentümlich, aber dennoch lassen sich übergreifende Trends bei ihnen beobachten. Es gibt viele, die ständig auf den Bürgersteig spucken, es gibt solche, die einer gebrechlichen Dame im Bus nicht ihren Sitzplatz anbieten, und es gibt immer noch viele, die nicht „bitte" und „danke" sagen können, die „keine Manieren haben", wie man sagt.

Jedoch fällt auf, dass Höflichkeit bei Jugendlichen wieder an Bedeutung gewinnt und dass der „Markt" sich sogleich darauf eingestellt hat, indem „Benimmkurse" für Jungen und Mädchen und auch ein „Kinder-Knigge" angeboten werden.

Der Durchbruch ist damit zwar keineswegs geschafft, denn wir wissen, dass bei den jüngeren Kindern Höflichkeit noch nicht wieder „voll in" ist und dass es bei den älteren Jugendlichen zunächst mehr um die taktisch geschickte Außenwirkung als um eine im tiefsten Innern verankerte soziale Einstellung geht; aber immerhin, es geht voran.

Jugendliche spüren nämlich, dass es in einer zunehmend beschäftigungsärmer werdenden Welt gar nicht so einfach ist, sich zu behaupten und durchzusetzen sowie einen erstrebten Ausbildungsplatz oder Beruf zu bekommen. Sie wissen, dass Erfolg in der Erwachsenenwelt auch von ihrer Sprache, ihrer Kleidung, ihrem Verhalten, ihrer Konfliktfähigkeit und ihrer allgemeinen Sozialkompetenz, also kurzum von ihrem Geschick im Umgang mit anderen Menschen abhängt; und das wollen sie dann rechtzeitig trainieren, weil sie wissen, dass ihnen die Umstellung nicht von heute auf morgen gelingt. Also beginnen sie mit 13 oder 14 Jahren, manchmal auch erst mit 15, sich sehr genau anzusehen, wie sich Erwachsene in bedeutsamen, brenzligen oder auch feierlichen Situationen kleiden, bewegen und benehmen; und wenn sie mit den Verhaltensweisen der Menschen ihres Nahraumes ganz und gar unzufrieden sind, betrachten sie sich vorbildliches Verhalten auf dem Fernsehschirm. Sie möchten eben unbedingt Startvorteile gewinnen, wenn sie sich um eine Freundin oder einen Freund bemühen, wenn sie auf deren Eltern Eindruck machen wollen und wenn sie sich auf öffentlichem Parkett oder auch in der Arbeitswelt bewegen müssen.

Vor Jahren noch erntete so manch ein Erwachsener nur ein müdes Lächeln oder auch eine unwirsche Zurückweisung, wenn er einen jungen Menschen darauf hinwies, wie „man" Messer und Gabel benutzt, wie „man" sich anzieht, wenn man in eine Opernpremiere geht, wie „man" fremde Gäste begrüßt und welche

Jugendsprachcodes „man" tunlichst vermeidet, wenn man sich von einem Personalchef einen Ausbildungs- oder Arbeitsplatz erhofft. Heute stellen wir hingegen fest, dass derartige Hinweise wieder durchaus dankbar angenommen oder sogar aufgesogen werden.

Und so verwundert es nicht, dass ganz viele junge Menschen weitaus besser sind als ihr Ruf und auch als die Erwachsenenwelt an sich. Umfragen haben ergeben, dass Kinder und Jugendliche gerechter sind als Erwachsene, dass sie sich mehr grämen als Erwachsene, wenn Tiere nicht zu ihrem Recht kommen oder gar gequält werden, und dass sie oft eher als Erwachsene bemerken, wenn jemand Hilfe braucht. Die drei Hamburger Jungen, die zwei Gleichaltrigen die Handtasche wieder abjagten, die diese gerade einer fast blinden 81-jährigen Dame entrissen hatten, stehen als Beispiele dafür.

Norwegen hat schon vor vielen Jahren damit begonnen, an seinen Schulen das Prinzip Höflichkeitserziehung einzuführen. Die Lehrer haben in Fortbildungsseminaren eigens zu dem Zweck, gute Vorbilder sein zu können, gelernt, wie man die Schüler morgens per Handschlag und mit angemessenen Worten begrüßt und nachmittags verabschiedet und welche große Zahl von Möglichkeiten es gibt, „bitte" und „danke" zu sagen. Außerhalb Norwegens hat man zunächst über die vermeintlich geringe Bedeutung eines solchen Ansinnens gelacht; aber nun ist jeder Besucher einer derartigen Schule mehr als überrascht, wenn er die Ausstrahlungen dieses neuen Prinzips auf das Schulklima, auf die Ästhetik, den Takt und den allgemeinen kommunikativen Umgang am eigenen Leibe spürt. Die Überzeugung geht dabei von außen nach innen: Erst sieht man den höflichen Umgang der anderen miteinander und dann merkt man, wie gut er einem selbst als Zuschauer und danach als Akteur tut.

Ähnliches stellen unsere Jugendlichen fest: Erst sind sie aus rein taktischen Gründen höflich; und wenn sie dann erleben, wie viel Erfolg sie damit haben, wie viel Positives sie damit bei anderen anrichten und für sich zurückbekommen, dann genießen sie diese neue atmosphärische, ästhetische, emotionale und soziale Dimension so sehr, dass zugleich in ihnen die Überzeugung von der Notwendigkeit des Höflichseins wächst. Demnächst werden wohl auch die jüngeren Kinder und viele Erwachsene davon profitieren: Weil Kinder sich stark an den Lebensformen der Jugendlichen orientieren, werden sie – wie bei allem, was die Jugend vorlebt – auch ihrerseits Geschmack an gestalteter bzw. „gestylter" Höflichkeit finden. Und die Erwachsenen mit ihrem ansonsten kritisierten „Jugendwahn" werden sich gewiss ebenfalls Einiges an guten Manieren bei der ihnen nachwachsenden Generation abschauen.

Die sächsischen „Kopfnoten" für Fleiß, Mitarbeit, Ordnung und Betragen und die „Benimm-Bausteine" des saarländischen Kultusministers werden allerdings ebenso wenig wie Schuluniformen für den nötigen inneren Halt als Zustimmung zu guten Umgangsformen führen, sondern eher zu so etwas wie einer taktisch geschickten Anpassung im Sinne von Unterwerfung eines Untertanen unter die Obrigkeit, um gut bewertet zu werden, was einer Demokratie unwürdig ist.

17. Präventionsräte als Netzwerke gegen Gewalt

- *Präventionsräte sind kommunale Netzwerke sämtlicher mit jungen Menschen befassten Institutionen.*
- *Sie bündeln alle pädagogischen Kräfte vor Ort vorbeugend, aber auch reparierend.*
- *Sie starten Informations- und Aktionsprogramme gegen Gewalt, sensibilisieren für die Früherkennung von Problemen und sorgen für eine aufsuchende bzw. zugehende Pädagogik, mit der die Erziehungskompetenz von Eltern gestärkt werden kann.*

Vor allem aus Schleswig-Holstein wissen wir nach mehrjährigen Erfahrungen, was es bringt, wenn wir alle Institutionen und Menschen vor Ort, die mit Kindern und Jugendlichen zu tun haben, zu einem kommunalen Präventionsrat vernetzen: Kindergärten, Schulen, Sportvereine, Jugendhilfe, Polizei, Kinderärzte, Schulpsychologen und Politiker sowie Kinder- und Jugendbeauftragte, aber auch Vertreter von Kirchen, der Staatsanwaltschaft und der Richterschaft.

Sie sorgen für öffentliche Informationsveranstaltungen, um die Bürger über die Themen Gewalt und vorbeugende Erziehung zu informieren, sie initiieren Aktionsprogramme, um Jugendliche von der Straße zu holen, sie organisieren Mitternachts-Basketball- und -Fußballturniere, sie führen deutsche und ausländische Jugendliche zu gemeinsamen Projekten oder auch Reisen zusammen, und sie kümmern sich um einzelne immer wieder auffällige junge Menschen oder Gruppen, so dass sie beispielsweise auch eine Erziehungskonferenz zusammenrufen, um geeignete Maßnahmen gegenüber einem gewalttätigen Wiederholungstäter oder seiner schlimmen „Peer-Group" einzuleiten.

Ganz besonders bemühen sie sich darüber hinaus um das, was wir „aufsuchende" oder „zugehende Pädagogik" nennen, mit der einzelne Eltern besucht, über die Aktivitäten ihres Sohnes oder – seltener – ihrer Tochter informiert, in Erziehungsgespräche verwickelt und hilfreich gestärkt oder durch Familienhelfer unterstützt und entlastet werden.

In dieses Konzept gehört dann auch das Projekt „Elternschaft lernen", das Schleswig-Holsteins ehemaliger Kinder- und Jugendbeauftragter Horst Hager angeregt hat und das bereits in einigen Städten wie Husum und Westerland auf Sylt in Form von Kursen für Eltern und werdende Eltern über die Volkshochschulen umgesetzt wird.

Denn die beste Gewaltprävention ist die Erziehungskompetenz der Eltern; und die lässt sich am effektivsten stärken, indem man Eltern oft die Möglichkeit gibt, über Erziehung zu sprechen. Die Lernpsychologen sagen uns nämlich, dass Menschen das, was sie lernen sollen, am besten lernen, indem sie es aussprechen und anderen zu erklären versuchen.

18. Was können Eltern gegen Gewalt in der Schule tun?

- *Wenn Eltern in der Schule etwas gegen Gewalt tun wollen, müssen sie beim eigenen Kind, beim Täter und beim Klassenlehrer anfangen, dann die gewählten Elternvertreter und die Schulleitung nutzen, bevor sie sich an Schulräte, Polizei, Justiz, Kultusministerium oder Presse wenden.*
- *Eltern sollten nicht mit Kanonen auf Spatzen schießen, weil dann ihr Kind die Gewalt oft doppelt ausbaden muss.*

Wenn Eltern erfahren, dass es Gewalt an der Schule ihres Kindes gibt, müssen sie sich zum Schutz ihres Kindes und anderer Kinder einmischen. Dazu fehlt ihnen aber oft der Mut, weil sie fürchten, dass es in einer Art Bumerang-Effekt dazu kommen könnte, dass sie als schwierig oder lästig eingestuft werden und dass ihr Kind dies in der Schule wird ausbaden müssen.

Wenn ich mittwochs am bundesweiten Schulsorgentelefon sitze, erfahre ich immer wieder Folgendes:

- Schüler werden häufiger, als man vermutet, Opfer von Mitschülergewalt, von Mobbing, von Lehrergewalt und von struktureller Gewalt. Auch die Schulweg- bzw. Schulbusgewalt spielt dabei eine erhebliche Rolle. Oft wird die Gewalt von Lehrern und Schulleitern gar nicht bemerkt, oft bagatellisieren Lehrer schlimme Gewalt, oft stellen sich Schulleiter vor gewalttätige Lehrer, und oft verschließen die Schulleiter bewusst ihre Augen vor struktureller Gewalt.
- Eltern haben oft Angst vor ungünstigen Rückwirkungen auf ihr Kind, wenn man ihnen rät, die Gewaltvorfälle Lehrern oder Schulleitern gegenüber anzusprechen, obwohl Schulen heute in allen Bundesländern auch Gewaltprävention leisten müssen (jedenfalls wünschen das Politiker und Kultus-, Bildungs- bzw. Schulministerien so).
- Eltern werden immer wieder von Lehrern und Schulleitern abgewiesen, wenn sie das Anliegen vorbringen, die Schule ihres Kindes möge doch aktiv gegen Gewalt vorgehen.
- Oft beginnen Schulen überhaupt erst dann, Gewalt nicht länger zu ignorieren und aktiv gegen sie vorzugehen, wenn der Druck auf Lehrer und Schulleiter sehr groß wird, weil nicht nur ein Elternpaar auf die Gewalt in der Schule aufmerksam macht, sondern weil es fast sämtliche Eltern einer Klasse oder mehrerer Klassen tun, oder wenn das übergeordnete Schulamt, Regierungspräsidium oder gar Kultusministerium zu erkennen gibt, dass der Zeitpunkt für eine Intervention erreicht ist, oder wenn die örtliche

Presse, ein Anwalt oder Staatsanwalt eingeschaltet werden. Wenn sich jedoch das Engagement auf eine einzige Mutter oder auf ein Elternpaar beschränkt, kommt oft nicht sehr viel mehr dabei heraus, als dass geraten wird, das Kind doch umzuschulen oder einem Psychologen vorzuführen.

Und dennoch gilt: Folgende Möglichkeiten gibt es, um das eigene Kind vor Gewalt in der Schule zu schützen; dabei sollte immer zunächst die erste Möglichkeit genutzt werden, und wenn die nicht ausreicht, sollte zur zweiten und erst dann zur dritten usw. übergegangen werden. Erst wenn alle Vorstufen ausgeschöpft wurden, kommen die am Ende dieser Liste stehenden Vorschläge in Betracht. Eltern sollten also nach dem Prinzip der konzentrische Kreise verfahren, d.h. in der Mitte mit ihrem Kind beginnen und bei Misserfolg den jeweils weiteren Kreis nutzen:

- Zu Beginn muss im Gespräch mit dem eigenen Kind, seinen Freunden und eventuell auch über betroffene Mitschüler erkundet werden, was wirklich vorgefallen ist.
- Dann sollte mit dem Täter direkt und eventuell auch mit dessen Eltern gesprochen werden, um für den vorliegenden Konflikt eine Lösung und einen Ausgleich zu finden (beispielsweise auch einen materiellen).
- Wenn das nicht hilft, muss der Klassenlehrer angerufen oder in der Schule angesprochen werden; vielleicht ist dieser in der Lage, eine Lösung zu finden.
- Danach können Gewaltvorfälle auf einem Elternabend angesprochen werden, oder sie werden zum Anlass genommen, einen Elternabend nur mit diesem Thema einzuberufen. Eltern dürfen übrigens auch ohne Lehrer einen Elternabend in der Schule, in einer Wohnung oder in einer Gaststätte durchführen.
- Die beiden Klassenelternvertreter (Klassenpflegschafts- oder Klassenelternbeiräte) werden eingeschaltet; leider stehen diese aber oft dem Klassenlehrer näher als den anderen Eltern.
- Die nächste Instanz ist der Schulleiter (oder Abteilungsleiter), aber der stellt sich oft schützend vor missliche Lehrer oder ist geneigt, Vorfälle herunterzuspielen, um dem Ruf der Schule nicht zu schaden.
- Jede Schule hat einen zuständigen Schulpsychologen, der meist im Schulamt der nächsten Kreisstadt sitzt. Bei dem kann man sich einen Sprechstundentermin geben lassen. Schulpsychologen sollten eigentlich auf der Seite von Kindern und Eltern in Not stehen; ihre Aufgabe ist unter anderem, Ursachen von Gewalt herauszufinden und Lehrer und Schulleiter, aber auch Eltern und Schüler zu beraten, wie Konflikte besser als zuvor angegangen werden können.
- Man kann sich dann an den Elternrat, Elternbeirat oder an die Schulpflegschaft der Schule wenden und, wenn man dort nicht weiterkommt, an den Landes- oder gar Bundeselternrat. Elternräte kooperieren aber leider oft lieber mit den Schulleitungen als mit der Elternschaft.
- Die Jugendbeauftragten der Polizei, die meist in der Polizeibehörde der nächsten Kreisstadt sitzen, sind besonders erfolgreich bei der Bekämpfung von Gewalt.

- Der Schulrat, das Schulamt bzw. der Regierungspräsident stellen die nächste Ebene dar, neuerdings auch die Schulinspektoren, die einige Bundesländer wie Niedersachsen eingeführt haben. Sie sind die vorgesetzte Behörde, die oft mehr an Gewaltprävention interessiert ist als einzelne Lehrer oder Schulleiter. Von oben her ergibt sich zunehmend der ergiebigere Druck.
- Viele Kommunen haben Gewaltpräventionsräte, die gern mit Rat und Tat helfen.
- Wenn auch über die Kultus-, Bildungs- oder Schulministerin bzw. -senatorin nichts zu erreichen ist, weil sie nicht antwortet oder das Anliegen wieder an die jeweilige Schule zurückverweist, und auch der Ministerpräsident nicht reagiert oder nur beschwichtigt, müssen die nächsten Stufen sehr sorgfältig abgewogen werden.
- Eltern können sich einen Anwalt nehmen oder Anzeige bei der Polizei gegen den/ die Täter oder auch gegen die Schulleitung (z. B. wegen unterlassener Hilfeleistung) erstatten.
- Eltern können sich an die örtliche Presse wenden, wenn die bereit ist, über schlimme Vorwürfe zu berichten, oder an die überregionale Presse, wenn die örtliche nicht „anbeißt".
- Wenn die Situation jedoch ganz verfahren ist, die Eltern also als Querulanten und ihre Kinder als gestört eingestuft werden, dann besteht der Ausweg oft nur im Neuanfang in der Parallelklasse, in der Nachbarschule, in einer entfernter liegenden Schule (wenn das alters- und wegetechnisch möglich ist) oder in einer Privatschule (wenn das finanziell möglich ist). Manchmal hilft überhaupt nur noch ein Internat im In- oder Ausland. Nach aller Erfahrung zögern viele Eltern zu lange, bis sie ein „Umtopfen" ihres Kindes in eine andere Klasse oder Schule in Erwägung ziehen. Wird die Chance des Neuanfangs zu spät ergriffen, hat sich die Opferrolle oft schon zu sehr über Stigmatisierung und Einbau der Fremderwartung in ein ungünstiges Selbstkonzept verfestigt. Das Opfer ist schließlich – wenn man nur lange genug abwartet – genau zu dem verhaltensgestörten Kind geworden, das die Lehrer und Schulleiter, aber auch die Mitschüler schon von Anfang an in ihm gesehen haben. Wir nennen das den Prozess der Selbsterfüllenden Prophezeiung.
- Irgendwo inmitten dieser Stufenabfolge lässt sich noch Folgendes tun: Die Eltern lesen ein Buch über Gewalt (wie dieses), um sich über die Ursachen und Folgen von Gewalt kundig zu machen, oder sie laden auf der Ebene eines Klassenelternabends, des Schulelternbei(rates), der Schulkonferenz oder des Kreiselternbei(rates) einen Referenten ein, der einen Vortrag mit Diskussion zum Thema „Ursachen von Schulgewalt und was man dagegen tun kann" hält, oder die Lehrerschaft der jeweiligen Schule wird animiert, eine schulinterne Lehrerfortbildung („Schilf") zum Thema Gewalt durchzuführen, an der die Eltern (und vielleicht die Schüler) teilnehmen können. Man kann sich aber auch um Hilfestellungen beim Deutschen Kinderschutzbund bemühen (siehe Adressen am Schluss dieses Buches).
- Und wenn das alles nichts hilft, muss das Kind selbst gegen die Widrigkeiten von seinen Eltern gestärkt oder in eine andere Schule – eventuell sogar in eine meist gewaltarme Privatschule – „umgetopft" werden.

19. Wie stärke ich mein Kind gegen die Gewalt anderer Menschen?

- *Große Erfolge in einigen schulischen und außerschulischen Leistungsfeldern halbieren das Leiden durch Mobbing.*
- *Kinder können gestärkt werden, indem man sie mit anderen Kindern zu Schutzgemeinschaften vernetzt.*

Entweder Eltern treten aktiv gegen Gewalt in der Schule ihres Kindes ein, oder sie schulen es um. Wenn beides nicht geht, weil die Schule sich nicht ändern lässt und weil ein „Umtopfen" aus finanziellen, regionalen (Schulwege werden zu weit, Nachbarschulen lehnen die Aufnahme ab) oder bedürfnisabhängigen Gründen (das Kind möchte bei seinen Eltern und nicht im Internat leben, es möchte bei seinen Freunden in der Klasse bleiben) nicht in Frage kommt, dann muss das Kind zu Hause gegen die Gewalt in der Schule gestärkt werden. Das Umfeld des Kindes kann nicht gewandelt werden, also sollte im Kind etwas geändert werden:

- Die Schuldgefühle müssen vom Kind abgeleitet werden, damit es nicht zum doppelten Opfer wird („Es liegt nicht an dir", „Du kannst überhaupt nichts dafür, dass Karl-Heinz so gewalttätig ist").
- Das Kind muss lernen, sich wehren, behaupten und durchsetzen sowie nein sagen und ausweichen zu können. Dafür werden ihm Verhaltensalternativen für kritische Situationen zur Verfügung gestellt; sie werden mit ihm je nach konkretem Anlass unterschiedlich bewertet, und sie werden oft eintrainiert (z.B. durch Rollenspiele zu Hause, aber auch indem Papa oder Mama es vormachen).
- Mit dem Kind muss in Mußestunden oft über Gewalterlebnisse, über Ängste und mögliche taktische Reaktionsvarianten gesprochen werden (zum Beispiel abends vor dem Einschlafen, wenn die Ereignisse des Tages noch einmal durchgegangen werden und der nächste Tag geplant wird, oder bei Spaziergängen und langen Autofahrten, nicht aber bei den Mahlzeiten, weil sich das Kind mit seinem Körper dann auf das Essen und das Verdauen konzentrieren sollte und weil Belastungen während der Mahlzeiten das Kind nie und nimmer zu stärken, sondern nur krank zu machen vermögen).
- Das Kind tritt einem Judo-, Karate-, Kickbox- oder Taekwondo-Verein bei, um Techniken des Sich-Wehrens und Sich-Behauptens für extreme Notfallsituationen zu erlernen und um mit ihrer Beherrschung fortan selbstsicherer auftreten zu können. Fitness- und Bodybuilding-Kurse gehen auch in diese Richtung; das Kind kommt dann nicht mehr so leicht wie zuvor für die potenziellen Täter als Opfer in Frage. Es kann auch nicht schaden, kleinen Mädchen und Jungen beizubringen, wo man einem großen Jungen oder Mann notfalls so erfolgreich hintreten kann, dass man wertvolle Fluchtsekunden gewinnt, um Hilfe zu holen, oder dass der Täter ein für alle Mal kuriert ist.
- Das Kind, das immer wieder Opfer wird, wird mit seinen Freunden oder mit den Nachbarskindern oder auch mit dem großen starken Bruder vernetzt. Es wird also in

eine Schutzgemeinschaft eingebunden, indem man seine Freunde oder irgendwelche Paten bewegen kann, auf es aufzupassen und es notfalls abwehrend zu beschützen. Diese Einbettung macht dem Kind oft so viel Mut, dass ihm abwehrendes Argumentieren, Neinsagen, Ignorieren oder Ausweichen bei Konflikten leichter fällt.

- Man sollte Kinder keineswegs damit stärken wollen, dass man ihnen Waffen mit in die Schule gibt, denn die können ihm weggenommen und gegen es selbst gerichtet werden, oder sie werden völlig unangemessen bereits bei geringfügigsten Konflikten eingesetzt.
- Am besten stärkt man Kinder über Erfolge in ausgleichenden Lebensbereichen: Wer ein Musikinstrument ausgezeichnet beherrscht und bei Aufführungen ständig Ovationen erlebt, wer ein exzellenter Sportler ist, wer in Mathematik, Fremdsprachen, Naturwissenschaften oder am Computer hervorragende Leistungen erzielt, wer bei den Freunden seiner Nachbarschaft sehr beliebt ist, wer über ein eidetisches Zeichentalent verfügt oder wer sehr viele Anerkennungen für seine schauspielerischen, humoristischen oder sozialen Leistungen erhält, leidet nicht mehr ganz so stark unter Mobbing wie derjenige, der das alles nicht kann und der auch nichts anderes so recht zustande bringt. Mobbingopfer lassen sich also über alternative Leistungsfelder, die oft außerhalb der Schule liegen, ganz gut in ihrem Selbstwertgefühl stärken. Kinder, die zu Hause ein Höchstmaß an Anerkennung, Liebe, Entlastung und Stärkung erleben, leiden jedenfalls nur noch halb so schlimm, wenn sie Opfer von Gewalt durch Mitschüler oder Lehrer werden.
- Das Kind kann auch gestärkt werden, indem Eltern die widerfahrenen Aggressionen auf die Täter zurücklenken: „Wenn Karl-Heinz zu so etwas bereit ist, muss er sehr dumm sein"; „Dein Mathelehrer ist wirklich ein sehr schlechter Lehrer, wahrscheinlich hat er seinen Frust von zu Hause nur an dich weitergegeben". So etwas entlastet erheblich und vermag das Ich des Kindes durchaus zu stärken, so dass der Mut ein Stück weit zurückkehrt.
- Eltern schenken ihrem Kind ein Handy, damit es sie in Notfällen sofort erreichen kann; damit treten sie dann etwas mutiger auf als zuvor.
- Am besten stärkt man Kinder jedoch, indem man ihnen geduldig, lange und aufmerksam zuhört, falls sie über ihre Nöte sprechen, indem man dort genau nachfragt, wo noch etwas unklar ist, und indem man ihnen ausführlich antwortet und intensiv auf ihren inneren Zustand eingeht. Denn Sorgen werden immer in dem Maße verringert, in dem man oft und lange über sie spricht.

IV. Schlussbemerkung:
Wird Gewalt zu- oder abnehmen?

■ *Kinder machen immer nur, was sie wollen; auch sonst haben sie uns einiges voraus!*

Die Antwort ist so wie bei vielen Prognosen: Ob Aggressionen in der Schule eher zu- oder abnehmen, hängt davon ab, ob sich in der Schule etwas ändert und – wenn ja – was sich ändert.

Wenn man es wie die Schulen in Bayern, Baden-Württemberg, Sachsen und Thüringen macht, die den Erziehungsauftrag eher an die Eltern und an außerschulische Institutionen weiterleiten möchten, wird sich die strukturelle Gewalt und die der Lehrer erhöhen: Man wird die Hürden in die weiterführenden Schulen heraufsetzen, man wird verstärkt mit Notendruck und mit sonstigen regressiven Maßnahmen die Rigidität der Schulen steigern, so dass immer mehr Schüler die Überbrückungsleistung zwischen der unzulänglichen häuslichen Erziehung (die in Süddeutschland noch etwas besser als in Nord- und Ostdeutschland funktioniert) und dem bloßen Bildungsauftrag der Schule nicht mehr hinbekommen werden, was den Bestand der erziehungsstärkeren Hauptschulen dort noch lange sichern wird.

Wenn man sich dagegen besonders Schleswig-Holstein, aber auch Niedersachsen, Hamburg, Bremen und Nordrhein-Westfalen anschaut, dann nimmt die Gewalt durch Schüler zur Zeit ab, weil die Schulen dort immer mehr erzieherische Funktionen, die die Familie nicht mehr wahrnimmt, gestalten (familienergänzende Erziehung, leibliche Versorgung, Psychomotorik, Ernährung, Volle oder Verlässliche Halbtags- und Ganztagsschulen) und weil dort mit guten gewaltpräventiven Konzepten (Frühwarnsystem, Streitschlichter, Konfliktlotsen, Werteerziehung über Dilemmata, Konfrontationspädagogik, Anti-Aggressivitäts-Training) Aggressionen verpönt, minimiert und sinnvoll kanalisiert werden.

In dem Maße, wie unsere gesellschaftliche Zukunft eher weiblich sein wird, drohen die Jungen und die Männer immer mehr auf der Strecke zu bleiben. Und da ist heute noch unklar, ob wir es schaffen, mit einer offensiven Jungenpädagogik auch die rechte Hirnhälfte der Jungen wieder so zu stärken, dass sie nicht mehr hinter äußerer Härte ihren mangelnden inneren Halt verstecken müssen.

Nur wenn uns das gelingt und wenn wir für das häufigere Vorhandensein von mehr liebevoller Väterlichkeit durch mehr Männer in den Grundschulen und für weniger Repräsentation von brutaler Männlichkeit im direkten und gesellschaftlichen Umfeld des Kindes und auf dem Bildschirm sorgen, können die Jungen wieder mit den Mädchen und die Männer wieder mit den Frauen gleichziehen, was Bildungs- und Berufschancen anbelangt, aber auch was Selbstständigkeit, Handlungsfähigkeit, Teamfähigkeit, Konfliktfähigkeit, Flexibilität, Kreativität, Kommunikation, emotionale und soziale Kompetenzen, die Fähigkeit zum vernetzenden Denken und ganz besonders auch Konfliktfähigkeit betrifft.

Erst wenn Schulen nicht mehr länger das Kind auf den Kopf reduzieren, wenn sie sich nicht nur an die linke Hirnhälfte des Schülers wenden, wenn sie nicht mehr allein dieses ausführende Organ zu beschulen trachten, wenn sie die Schüler nicht bloß als Untertanen behandeln, sondern erst wenn sie sie bildend und erziehend als ganze Menschen in ihre Mündigkeit hinein fördern, wenn sie sich als Lernwerkstätten mit coachenden Lernberatern verstehen, dann wird auch die Gewalt in der Schule deutlich abnehmen.

Die Schule ist die einzige Lebenswelt, die noch sämtliche jungen Menschen bewusst erzieherisch zu erreichen vermag; diese ihr mit der Schulpflicht zugewiesene Möglichkeit muss sie zunehmend nutzen, auch wenn das nicht ihr ursprünglicher Kernauftrag war. Denn wer sonst sollte es schaffen, sämtliche jungen Menschen unserer Gesellschaft in eine kritische Distanz zur verloddernden Bildschirmwelt mit ihren Big-Brother-Nischen und den LAN- und LASH-Partys per Computer zu bringen?

Gewalt in der Schule wird aber letztlich erst dann deutlich abnehmen, wenn die Eltern als Wähler das auch so wollen und wenn sie über ihre zunehmende Partizipation im Rahmen einer autonomeren Schule das Recht gewinnen, mehr gestalterischen Einfluss auf das jeweilige Schulprogramm und auf das Schulleben nehmen zu können, damit Schule pädagogischer wird, damit sie mehr Individualisierung und Integration zugleich hinbekommt, damit sie Lebensmittelpunkt sowohl für Schüler als auch für Lehrer wird, damit sie sich von einer belehrenden Unterrichtsvollzugsanstalt mit Be-Lehrern zu einer kundenorientierten Lernwerkstatt mit Lernfamilien und gastgebenden Lernberatern wandelt. Erst wenn Schule das Kind beim Lernen nicht mehr weitgehend auf die linke Hirnhälfte reduziert, sondern es als ganzen Menschen selbstständig, teamfähig, kreativ, erkundungsstark, handlungs- und konfliktkompetent, redegewandt und selbstbewusst macht, wird sie zu einem gewaltarmen, Beschämungen vermeidenden und die Zukunft des Einzelnen und unserer Gesellschaft vorbereitenden Lebens- und Lernort werden können.

Denn Gewalt im Sinne von Aggressionen kommt sowieso viel seltener in den heutigen Schulen vor als die autodestruktiven Phänomene wie Depressionen, psychosomatische Erkrankungen, Magersucht und das Ausweichen in stofflich bewirkte Ersatzbefriedigungen. Dass Kinder immer früher und immer häufiger den Ausstieg in Alkohol, Nikotin, Drogen und Tabletten, in Esssucht und Bulimie suchen, dass immer wieder neue Drogen wie Crack und aktuell Yaba und Meth-Crystal Eingang in die Jugendkultszenerie finden, dass immer mehr Jugendliche die beiden Nächte des Wochenendes als Gegengewicht zu ihrem grauen Alltag – zu dem auch der graue Schulalltag von Montagmorgen bis Freitagmittag gehört – bis frühmorgens nach Partys, Konzerten, Jams, Feten und Konzerten mit Rausch in Kiez-Kneipen verbringen und sich dann besoffen, vollgedopt, weinend oder zerschlagen in kleinen Gruppen per Taxi nach Hause karren lassen, ist ein Symptom für eine aus den Fugen geratene Gesellschaft, die ihre Kinder zu verlieren droht, wenn sie nicht sofort zu wesentlich mehr Kinderfreundlichkeit bereit ist. Die Jugendlichen der Pariser Vororte lassen grüßen!

Hilfreiche Adressen

Initiative gegen Gewalt und sexuellen Missbrauch an Kindern und Jugendlichen, Poststraße 18, 56427 Siershahn, Tel.: 02623-6839.
Verein für Familien- und Kinderrechte bei Trennungen, Postfach 100 148, 31312 Sehnde, Tel.: 05138-61 60 16.
Verband für alleinerziehende Mütter und Väter, Beethovenallee 7, 53173 Bonn, Tel.: 0228-35 29 95.
Bundesverband allergie- und umweltkrankes Kind, Westerholter Str. 142, 45892 Gelsenkirchen, Tel.: 0209-305 30.
Deutscher Neurodermitiker-Bund, Spaldingstr. 210, 20097 Hamburg, Tel.: 040-23 08 10.
Bundesvereinigung Stotterer-Selbsthilfe, Gereonswall 112, 50670 Köln, Tel.: 0221-139 11 06.
Deutscher Bundesverband für Logopädie, Augustinusstr. 11a, 50226 Frechen, Tel.: 02234-69 11 53.
Arbeitskreis überaktives Kind, Dieterichstr. 9, 30159 Hannover, Tel.: 0511-363 27 29.
Elterninitiative zur Förderung hyperaktiver Kinder, Clemensstr. 13, 99817 Eisenach, Tel.: 03691-21 55 55.
Deutsche Gesellschaft für das hochbegabte Kind, Sonderhauser Str. 80, 12249 Berlin, Tel.: 030-711 77 18.
Hochbegabtenförderung e.V., Am Pappelbusch 45, 44803 Bochum, Tel.: 0234-93 56 70.
Bundesverband der Aufmerksamkeitsstörung, Postfach 60, 91291 Forchheim, Tel.: 09191-348 74.
Kinderzentrum für Wahrnehmungsstörungen, Büdinger Str. 17, 60435 Frankfurt a.M., Tel.: 069-54 80 80 21.
Deutscher Kinderschutzbund, Schiffgraben 29, 30159 Hannover, Tel.: 0511-30 48 50.
Bundesverband der Elternkreise drogengefährdeter und drogenabhängiger Jugendlicher, Herzbergstr. 82, 10385 Berlin, Tel.: 030-556 70 20.
Bundesverband Legasthenie, Königstr. 32, 30175 Hannover, Tel.: 0511-31 87 38.
Deutsche Beratungsstelle für Linkshänder und umgeschulte Linkshänder, Sendlingerstr. 17, 80331 München, Tel.: 089-26 86 14.
Institut für mathematisches Lernen und Praxis für Dyskalkulie, Grindelberg 45, 20144 Hamburg, Tel.: 040-422 42 21.
BundesElternRat, Albert-Buchmannstr. 15, 16515 Oranienburg, Tel.: 03301-57 55-37 und -38.
Euro-Internatsberatung, Grillparzerstr. 46, 81675 München, Tel: 089-45 55 550.
Bundesverband der Freien Alternativschulen, Wiemelhauser Str. 270, 44799 Bochum, Tel.: 0234-726 48.
Kindernetzwerk für kranke und behinderte Kinder und Jugendliche, Hanauer Str. 15, 63739 Aschaffenburg, Tel.: 0602-120 30.

Bundesarbeitsgemeinschaft zur Förderung haltungs- und bewegungsauffälliger Kinder und Jugendlicher, Friedrichstr. 14, 65185 Wiesbaden, Tel.: 0611-37 42 09.

Verein gegen psychosozialen Stress und Mobbing, Kemmelweg 10, 65191 Wiesbaden, Tel.: 0611-54 17 37.

Forschungsinstitut für Kinderernährung, Heinstück 11, 44225 Dortmund, Tel.: 0231-71 40 21.

Streitschlichter-Ausbildung durch Dyrda & Partner, Institut für Innovation und Qualität, 41460 Neuss, Tel.: 02131-260 12.

Neuro-Feedback gegen ADHS: im Internet unter www.dgbfb.de oder unter www.eegseminare.de/db126.html.

Literatur

Arlt, Marianne: Pubertät ist, wenn die Eltern schwierig werden, Freiburg i. Br. 1992.
Bäuerle, Siegfried (Hrsg.): Der suchtgefährdete Schüler, Regensburg 1993
Bettelheim, Bruno: Liebe allein genügt nicht; Die Erziehung emotional gestörter Kinder, Stuttgart 1991.
Beuster, Frank: Die Jungenkatastrophe; Das überforderte Geschlecht, Reinbek 2006.
Billhardt, Jutta: Hochbegabte; Die verkannte Minderheit, Würzburg 1996.
Brück, Horst: Die Angst des Lehrers vor seinem Schüler, Reinbek 1978.
Büttner, Christian: Mit aggressiven Kindern leben, Weinheim 1992.
Büttner, Christian/Eberhard W. Meyer (Hrsg.): Rambo im Klassenzimmer, Weinheim 1991.
Colla, Herbert E./Christian Scholz/Jens Weidner (Hrsg.): Konfrontative Pädagogik; Das Glen Mills Experiment, Mönchengladbach 2001.
Deegener, Günther (Hrsg.): Sexuelle und körperliche Gewalt; Therapie jugendlicher und erwachsener Täter, Weinheim 1999.
Defersdorf, Roswitha: Drück mich mal ganz fest, Freiburg i. Br. 1991.
Dreikurs, Rudolf/Vicki Stoltz: Kinder fordern uns heraus, Stuttgart 1992.
Dücker, Uwe von: Die Kinder der Straße; Überleben in Südamerika, Frankfurt a. M. 1992.
Eisenberg, Götz/Reimer Gronemeyer: Jugend und Gewalt; Der neue Generationenkonflikt oder Der Zerfall der zivilen Gesellschaft, Reinbek 1993.
Ekman, Paul: Warum Kinder lügen, Hamburg 1990.
Eppendorfer Hans (Hrsg.): Kleine Monster; Innenansichten der Pubertät, Hamburg 1985.
Ernst, Andrea/Sabine Stampfel: Kinder-Report; Wie Kinder in Deutschland leben, Köln 1991.
Feger, Barbara/Tania M. Prado: Hochbegabung; Die normalste Sache der Welt, Darmstadt 1998.
Ferchhoff, Wilfried: Patchwork-Jugend, Opladen 1997.
Firnhaber, Mechthild: Legasthenie und andere Wahrnehmungsstörungen, Frankfurt a. M. 1996.
Frech-Becker, Cornelia: Fördern heißt Fordern; Über die Verantwortung der Eltern für den Schulerfolg ihrer Kinder, Frankfurt a. M. 1995.
Friesen, Astrid von: Liebe spielt eine Rolle; Erziehung im Geben und Nehmen, Reinbek 1995.
Giesecke, Hermann: Das Ende der Erziehung, Stuttgart 1985.
Goetze, Herbert (Hrsg.): Pädagogik bei Verhaltensstörungen, Bad Heilbrunn 1994.
Goldstein, Sonja/Albert J. Sonit: Wenn Eltern sich trennen; Was wird aus den Kindern?, Stuttgart 1989.

Grefe, Christiane: Ende der Spielzeit; Wie wir unsere Kinder verplanen, Berlin 1995.
Grönwold, Peter: Schule paradox; Eine Anstiftung zur Professionalisierung des Unterrichts, Reinbek 1999.
Gronemeyer, Marianne: Lernen mit beschränkter Haftung; Über das Scheitern der Schule, Darmstadt 1996.
Hallowell, Edward M./John Ratey: Zwanghaft zerstreut; ADD – Die Unfähigkeit, aufmerksam zu sein, Reinbek 1998.
Hartmann, Tom: Eine andere Art, die Welt zu sehen; Das Aufmerksamkeitsdefizit-Syndrom, Lübeck 1997.
Heilemann, Michael/Gabriele Fischwasser-von Proeck: Gewalt wandeln; Das Anti-Aggressivitäts-Training AAT, Lengerich 2001.
Heitmeyer, Wilhelm u. a.: Gewalt; Schattenseiten der Individualisierung bei Jugendlichen aus unterschiedlichen Milieus, Weinheim 1995.
Hennig, Claudius/Gustav Keller: Anti-Stress-Programm für Lehrer, Donauwörth 1995.
Hentig, Hartmut von: Die Schule neu denken; Eine Übung in praktischer Vernunft, München 1993.
Hülsmann, Mary: Risse in der Seele; Drogenprotokolle, Düsseldorf 1994.
Hurrelmann, Klaus: Familienstress, Schulstress, Freizeitstress; Gesundheitsförderung für Kinder und Jugendliche, Weinheim 1990.
Hurrelmann, Klaus/Heidrun Bründel: Gewalt macht Schule, München 1994.
Hurrelmann, Klaus/Heidrun Bründel: Drogengebrauch, Drogenmissbrauch, Darmstadt 1997.
Jungjohann, Eugen: Kinder klagen an; Angst, Leid und Gewalt, Frankfurt a. M. 1991.
Kammerer, Dorothea: Aggression und Gewalt bei Jungen; Warum sie auf Waffen und Raufereien stehen und wie Eltern damit umgehen können, München 1993.
Keller, Gustav: Das Klagelied vom schlechten Schüler; Eine aufschlussreiche Geschichte der Schulprobleme, Heidelberg 1989.
Ladwig, Hermann: Drogen und das sogenannte schmutzige Geld; Eine wirtschaftswissenschaftliche Untersuchung über die Dynamik des Drogenproblems, Frankfurt a. M. 1996.
Lempp; Reinhart (Hrsg.): Die Kinder, der Krieg und die Angst, Ravensburg 1991.
Liebertz, Charmaine: Das Schatzbuch ganzheitlichen Lernens, München und Dorsten 1999.
Link, Manfred: Schulversagen; Ursachen verstehen, gezielt helfen, Reinbek 1995.
Lukesch, Helmut: Video im Alltag der Jugend, Regensburg 1989.
MacCracken, Mary: Charlie, Eric und das ABC des Herzens; Außenseiter im Klassenzimmer, Frankfurt a. M. 1991.
Makarenko, Anton S.: Ausgewählte pädagogische Schriften; hrsg. von Horst E. Wittig, Paderborn 1961.
Mallet, Carl-Heinz: Untertan Kind, Frankfurt a. M. 1990.
Meißner, Monika/Ernst A. Stadter: Kinder lernen leben; Beziehungslernen in der Grundschule, München 1995.

Meyenberg, Rüdiger/Wolf-Dieter Scholz: Schule und Gewalt, Hannover 1995.
Mönks, Franz. J./Irene H. Ypenburg: Unser Kind ist hochbegabt; Ein Leitfaden für Eltern und Lehrer, München 1993.
Montagu, Ashley: Körperkontakt, Stuttgart 1992.
Nave-Herz, Rosemarie: Familie heute; Wandel der Familienstrukturen und Folgen für die Erziehung, Darmstadt 1994.
Neill, Alexander S.: Theorie und Praxis der antiautoritären Erziehung; Das Beispiel Summerhill, Reinbek [14]1970.
Nelson, Jane: Kinder brauchen Ordnung, München 1992.
Neuhaus, Cordula: Das hyperaktive Kind, Ravensburg 1996.
Nolting, Hans-Peter: Lernfall Aggression; Wie sie entsteht – Wie sie zu vermeiden ist, Reinbek 1993.
Opaschowski, Horst W.: Generation @; Die Medienrevolution entlässt ihre Kinder: Leben im Informationszeitalter, Hamburg 1999.
Palla, Rudi: Die Kunst, Kinder zu kneten; Ein Rezeptbuch der Pädagogik, Frankfurt a. M. 1997.
Papert, Seymour: Revolution des Lernens; Kinder, Computer, Schule in einer digitalen Welt, Hannover 1996.
Perelman, Lewis J.: School's Out, New York 1993.
Pöppel, Ernst: Lust und Schmerz; Über den Ursprung der Welt im Gehirn, München 1995.
Postman, Neil: Das Verschwinden der Kindheit, Frankfurt a. M. [7]1982.
Postman, Neil: Wir amüsieren uns zu Tode, Frankfurt a. M. 1985.
Postman, Neil: Keine Götter mehr; Das Ende der Erziehung, Berlin 1995.
Preuschoff, Gisela und Axel: Gewalt an Schulen; Und was dagegen zu tun ist, Köln 1992.
Redl, Fritz/David Wineman: Kinder, die hassen, München [4]1984.
Reinprecht, Hansheinz: Kinder erziehen ohne Ärger, Graz 1993.
Rogge, Jan-Uwe: Kinder brauchen Grenzen, Reinbek 1998.
Rossberg, Ewa: Einzelkinder, Reinbek 1993.
Ruf-Bächtiger, Lislott: Das frühkindliche psychoorganische Syndrom, Stuttgart 1991.
Rutschky, Katharina: Erregte Aufklärung; Kindesmissbrauch, Hamburg 1992.
Schmidtbauer, Wolfgang: Die Angst vor Nähe, Reinbek [3]1985.
Schnack, Dieter/Rainer Neutzling: Kleine Helden in Not; Jungen auf der Suche nach Männlichkeit, Reinbek 1990.
Schultz, Hans J. (Hrsg.): Trennung, Stuttgart 1984.
Singer, Kurt: Die Würde des Schülers ist antastbar; Vom Alltag in unseren Schulen und wie wir ihn verändern können, Reinbek 1998.
Smolka, Dieter (Hrsg.): Motivation und Mitarbeiterführung in der Schule, Neuwied 2000.
Soer, Josh von/Irene Stratenwerth: Süchtig geboren; Kinder von Heroinabhängigen, Hamburg 1991.
Sommer, Norbert (Hrsg.): Überall Hass, Krisen, Kriege und Gewalt; Gründe und Auswege, Berlin 1994.
Spranger, Eduard: Psychologie des Jugendalters, Heidelberg [26]1960.

Spreiter, Michael (Hrsg.): Waffenstillstand im Klassenzimmer, Weinheim 1993.
Struck, Peter: Die Kunst der Erziehung; Ein Pläydoyer für ein zeitgemäßes Zusammenleben mit Kindern und Jugendlichen, Darmstadt 1996.
Struck, Peter: Die Schule der Zukunft; Von der Belehrungsanstalt zur Lernwerkstatt, Darmstadt 1996.
Struck, Peter: Erziehung von gestern, Schüler von heute, Schule von morgen, München 1997.
Struck, Peter: Die 15 Gebote des Lernens; Schule nach PISA, Darmstadt 2004.
Struck, Peter: Das Erziehungsbuch, Darmstadt 2005.
Struck, Peter: Elternhandbuch Schule, Darmstadt 2006.
Struck, Peter/Ingo Würtl: Vom Pauker zum Coach; Die Lehrer der Zukunft, München 1999.
Thiersch, Hans/Jürgen Wertheimer/Klaus Grunwald: „… überall in den Köpfen und Fäusten"; Auf der Suche nach den Ursachen und Konsequenzen von Gewalt, Darmstadt 1994.
Ulich, Klaus: Beruf Lehrer/in; Arbeitsbelastungen, Beziehungskonflikte, Zufriedenheit, Weinheim 1996.
Vogt, Gregor M./Stephen T. Sirridge: Söhne ohne Väter, Frankfurt a.M. 1993.
Voß, Reinhard/Roswitha Wirtz: Keine Pillen für den Zappelphilipp; Alternativen im Umgang mit unruhigen Kindern, Reinbek 1991.
Weidner, Jens/Dieter Kreft (Hrsg.): Gewalt im Griff; Neue Formen des Anti-Aggressivitäts-Trainings; Weinheim 1997.
Wieck, Wilfried: Söhne wollen Väter; Wider die weibliche Umklammerung, Hamburg 1992.
Winn, Marie: Kinder ohne Kindheit, Reinbek 1992.
Zeltner, Eva: Generationen-Mix, Bern 1998.
Zeltner, Eva: Halt die Schnauze, Mutter!, Bern 2005.

Register

Abenteuerlust 21, 84
ADHS 93, 102
Ängste 28
Aggression 17
Amokläufer 54, 67
Anorexie 31
Anti-Aggressivitäts-Training 108
Aufsuchende Pädagogik 68, 94, 124
Ausländerfeindlichkeit 74
Autoaggression 17, 20
Autodestruktion 10, 30
Autoritäre Erziehung 96
Autoritative Erziehung 114

Benimm-Unterricht 105
BE-Projekt 112
Bewegung 99
Bezugspersonen 22, 114
Bildschirmgewalt 34, 41, 49, 80
Bindungen 22, 114
Bindungsbedürfnis 114
Bismuna-Projekt 32, 105
Björkman, Kari 32, 105
Blair, Tony 70
Bulimie 31
Burn-out-Syndrom 60

Clinton, Bill 59, 66
Coolness-Training 42, 108
Coolsein 81
Cops4you 67
Crash-Kids 78

Defersdorf, Roswitha 103
Deutscher Kinderschutzbund 36
Development Psychology 103

Diagnose 93
Dissoziatives Verhalten 30
Domschule, Lübeck 69, 106
Don Bosco 105
Drogen 32, 45
Drucktherapie 103
Dubbert, Dieter 32, 105
Dyrda, Christa 121

Ehre 44
Elternschaft lernen 93, 125
Elternstammtisch 95
Erfolgserlebnisse 116, 129
Erotische Aspekte 86
Extremsport 84
Eylardus-Schule für Erziehungsschwierige, Bad Bentheim 69, 108

Fäkaliensprache 17, 71
Familie 40
Faszination von Gewalt 86
Father Flanagan 105
Fehlerkultur 70
Feminisierung 23
Fernsehgewalt 34, 41
Festhaltetherapie 103
Flehmig, Inge 101
Flusser, Vilém 9
Franz, Marianne 65
Fremdenfeindlichkeit 53
Frühwarnsystem 43, 87, 93

Genetik 9, 13, 36
Gesamtschule Bergedorf, Hamburg 72
Gesellschaftliche Gewalt 54
Gespräch 126

Gewalt gegen Menschen 19
Gewalt gegen Sachen 18, 76
Gewalt gegen sich selbst 20
Gleichaltrige 42, 52
Gleich, Johann P. 34
Grenacker, Susanne 35
Grenzen 21, 94
Gutenberg-Gymnasium, Erfurt 67
Gymnasium Billstedt, Hamburg 112

Hager, Horst 68, 124
Haltprojekte 26, 104
Happy Slapping 88
Heilemann, Michael 108
Heißer Stuhl 42, 108
Hirnforschung 24, 36, 55, 83, 102
Höflichkeitserziehung 121
Hohlmeier, Monika 68
Hurrelmann, Klaus 34
Hyperkinetisches Syndrom (HKS) 93, 102

Imitationslernen 80
Innerer Halt 26, 104

Jugendanstalt Hameln 108
Jugenddorf Cund 32
Jugendsprache 72
Jungenpädagogik 34

Kampfsport 27
Kannenberg, Lothar 115
Katholische Fachhochschule Köln 34
Kinder- und Jugendhilfe-Verbund, Kiel 32
Klassenlehrer 126
Knasthospitationen 113
Körpersprache 17, 71
Konfliktfähigkeit 29
Konfliktlotsen 14, 69, 120
Konfrontationspädagogik 42, 108
Kopfnoten 105, 123
Krankheit 28
Kriminologie 99

Kriminologisches Forschungsinstitut Niedersachsen 23, 43
Kriseninterventionsprogramm 69, 108
Kulturkollisionen 44

Landesinstitut für Schule und Weiterbildung, Soest 69, 106
Lehrerbildung 69
Lehrergewalt 58, 61
Lindgren, Astrid 9
Littleton, Colorado, USA 10

Mädchengewalt 36, 39
Makarenko, Anton S. 105
Mediengewalt 48
Mitternachtssport 112
Mobbing 18, 69, 73
Modelllernen 17, 39, 80, 97
Motopädie 101
Multiproblemmilieus 21, 44, 81
Musik gegen Gewalt 99
Musikmalen 101

Nachbarschaftsgewalt 45
Naturkindergärten 99
Neill, Alexander S. 95, 105
Neuro-Feedback 102
New Scientist 28
Nytsch, Christina 25

Opfer 29, 69, 99, 110, 118
Opferschutz 111, 118

Padre Silva 105
Paradoxe Intervention 101
Peschel-Gutzeit, Lore Maria 113
Pfeiffer, Christian 23, 43
Politische Gewalt 55
Porphyrie 37
Posttraumatische Stressphänomene 20
Präventionslehrer 93, 101
Präventionsräte 124
Privatschulen 45

Provokationstests 42
Psychomotorik 101
Pubertät 21

Regeln 105
Regression 20, 30
Rogge, Jan-Uwe 95

Sachbeschädigung 18, 76
Schäfer, Klaus 32, 105
Schläger 26, 42, 79, 89
Schlesiger, Hanspeter 65
Schulschwänzer 23
Selbsthilfegruppe schlagender Mütter 42
Selbstzerstörung 10, 30
Self-fulfilling Prophecy 43
Sex-Selection 38
Sexuelle Gewalt 19, 80
Sinnespfade 100
Sinnesschulung 99
Snoezelen 27, 99, 101
Sport gegen Gewalt 99
Sportkindergärten 99
Sprachgewalt 17, 71
Steinhäuser, Robert 67
Strandkindergärten 99
Strehl, Ute 102
Streitschlichter 14, 69, 99, 120
Strukturelle Gewalt 19
Sucht 28
Systemgewalt 14, 19, 58

Täter 69, 99, 119, 126
Täter-Opfer-Ausgleich 54, 69, 81, 110

Therapie 93
Tötungshemmung 79

Überangst 20
Universität Potsdam 53

Väterlichkeit 41, 83
Verbote 84
Verhaltensalternativen 128
Verträge 106
Viktimologie 99, 118
Volkszählungsbüro Washington, D.C. 37
Vorbilder 94

Wagemut 21, 84
Wahrnehmungsstörungen 49, 99
Waldkindergärten 99
Walker, Lenore 41
Wattkindergärten 99
Weidner, Jens 108
Weltbild 22, 103, 114
Werteerziehung über Dilemmata 69, 106
Wilhelmsburger Türken-Boys 39
Wilhelmsburger Türken-Girls 39
Würtl, Ingo 93

Zeltner, Eva 90
Zentrum für Kindesentwicklung, Hamburg 101
Zugehende Pädagogik 68, 94, 124
Zukunft 22, 114
Zuschauer 69, 120
Zuschlagen 28, 36, 79

Vita

Prof. Dr. Peter Struck, geb. 1942, war zehn Jahre Volks- und Realschullehrer und danach vier Jahre lang Schulgestalter in der Behörde für Schule, Jugend und Berufsbildung in Hamburg. Seit 1979 hat er eine Professur für Erziehungswissenschaft an der Universität Hamburg. Seine Arbeitsschwerpunkte sind Sozial- und Schulpädagogik, Bildungspolitik, Jugendforschung, Familienerziehung und Medienpädagogik. Seine wichtigsten Bücher: „Die Hauptschule" (1979), „Projektunterricht" (1980), „Pädagogik des Klassenlehrers" (1981), „Erziehung gegen Gewalt" (1994), „Neue Lehrer braucht das Land" (1994), „Schulreport" (1995), „Die Kunst der Erziehung" (1996), „Die Schule der Zukunft" (1996), „Erziehung von gestern, Schüler von heute, Schule von morgen" (1997), „Netzwerk Schule – Wie Kinder mit dem Computer das Lernen lernen" (1998), „Vom Pauker zum Coach – Die Lehrer der Zukunft" (1999), „Erziehung für das Leben" (2000), „Lernlust statt Erziehungsfrust" (2001), „Gebrauchsanweisung für die Schule" (2001), „Wie viel Marke braucht mein Kind?" (2002), „Die 15 Gebote des Lernens – Schule nach PISA" (2004), „Das Erziehungsbuch" (2005) und „Elternhandbuch Schule" (2006).

Seit 1980 forschte er vor allem mit einem Lehrer-Schüler-Betreuungsprojekt an der Gelenkstelle von Familie und Schule. Bei der Zeitschrift *Familie & Co* sitzt er als Experte seit 16 Jahren am Schulsorgentelefon.

Kontaktadressen: Prof. Dr. Peter Struck, Bornstraße 25, 20146 Hamburg, Tel. und Fax: 040-458732, E-Mail: Prof.Dr.Peter.Struck@t-online.de Fachbereich Erziehungswissenschaft, Universität Hamburg, Binderstraße 34, 20146 Hamburg, Tel.: 040-42838-3760 oder -3750, Fax: 040-42838-6112.